講談社 火の鳥 伝記文庫

戦国《せんごく》を駆《か》けろ

武田信玄《たけだしんげん》

木暮正夫《こぐれまさお》 文
寺田克也《てらだかつや》 カバー絵
八多友哉《やたともや》 さし絵

はじめに

「はやきこと風《かぜ》のごとく、
徐《しず》かなること林《はやし》のごとし、
かすめること火《ひ》のごとく、
動《うご》かざること山《やま》のごとし。」
「風林火山《ふうりんかざん》」ののぼりをたてて、
武田《たけだ》の騎馬軍団《きばぐんだん》が、
乱世《らんせい》をかけぬけます。
武田信玄《たけだしんげん》には強烈《きょうれつ》なカリスマ性《せい》がありました。
信玄《しんげん》のためなら、よろこんで命《いのち》をさしだす
武田《たけだ》の武将《ぶしょう》たちの覚悟《かくご》は決《き》まっていました。
金山《きんざん》を開発《かいはつ》し、治水工事《ちすいこうじ》を行《おこな》い、

産業《さんぎょう》を起《お》こし、領民《りょうみん》を大切《たいせつ》にしていた信玄《しんげん》。
戦国武将《せんごくぶしょう》がきそって大《おお》きな城《しろ》をつくるなか、
信玄《しんげん》の城《しろ》はまったく質素《しっそ》なものでした。
「人《ひと》は城《しろ》　人《ひと》は石垣《いしがき》　人《ひと》は堀《ほり》
なさけは味方《みかた》　あだは敵《てき》なり。」
信玄《しんげん》を中心《ちゅうしん》に武士《ぶし》と領民《りょうみん》すべてが
一丸《いちがん》となって敵《てき》をむかえうつ、
甲斐《かい》の国《くに》そのものが強固《きょうこ》な要塞《ようさい》だったのです。
戦国最強《せんごくさいきょう》の武将《ぶしょう》・武田信玄《たけだしんげん》。
宿敵《しゅくてき》・上杉謙信《うえすぎけんしん》との5度《ど》にわたる大戦《たいせん》。
今川氏真《いまがわうじざね》、北条氏政《ほうじょううじまさ》、徳川家康《とくがわいえやす》、
ライバルたちとの激闘《げきとう》の日々《ひび》。
その戦《たたか》いの歴史《れきし》が、いま幕《まく》をあけます。

もくじ

1 世《よ》つぎの誕生《たんじょう》

甲斐《かい》の猛虎《もうこ》、武田信虎《たけだのぶとら》

軍馬《ぐんば》がいなないていた。伝令《でんれい》の騎馬武者《きばむしゃ》がかたいひづめの音《おと》をひびかせて、右《みぎ》に左《ひだり》にかけめぐっている。

ここ、甲斐《かい》の国《くに》の府中《ふちゅう》（現在《げんざい》の山梨県甲府市《やまなしけんこうふし》）を流《なが》れる荒川《あらかわ》の飯田河原《いいだがわら》には、おびただしい数《かず》の旗指し物《はたさしもの》が、つめたい風《かぜ》にひるがえっていた。

大永《たいえい》1（1521）年《ねん》の10月《がつ》も、なかばのころである。いまの太陽暦《たいようれき》におきかえると、11月初旬《がつしょじゅん》にあたる。

「武田一族《たけだいちぞく》をけちらして、府中《ふちゅう》をうばいとってやる。」

飯田河原《いいだがわら》に陣《じん》をはった大軍《たいぐん》は、遠江《とおとうみ》の国《くに》（現在《げんざい》の静岡県《しずおかけん》の一部《いちぶ》）土方《ひじかた》の城主《じょうしゅ》で今川氏《いまがわうじ》親《ちか》の将《しょう》、福島《くしま》（九島《くしま》・久島《くしま》とも書《か》く）上総介正成《かずさのすけまさなり》にひきいられていた。総勢《そうぜい》、1万《まん》5000。いろとりどりのよろいかぶとが、初冬《しょとう》の日《ひ》をあびて、きらきらとまばゆい。

「さしもの武田信虎《たけだのぶとら》も、これだけの大軍《たいぐん》におしよせられては、どうにもなるまい。府《ふ》中《ちゅう》は武田《たけだ》一族《いちぞく》の中心地《ちゅうしんち》。それがもはや、わが手《て》に落《お》ちたも同《おな》じことだ。信虎《のぶとら》のやつ、歯《は》ぎしりをしながらも、にげじたくにいそがしいことであろう。せっかく苦労《くろう》してまとめあげつつある甲斐一国《かいいっこく》を、わしにとられてしまうのだからな。」

今川軍《いまがわぐん》の総大将《そうだいしょう》、福島正成《くしままさなり》は本陣《ほんじん》で、高《たか》わらいをした。飯田河原《いいだがわら》は、甲斐《かい》の守護大《しゅごだい》名《みょう》、武田信虎《たけだのぶとら》がつつじケ崎《がさき》（躑躅ケ崎《つつじがさき》）に館《やかた》をつくり、家臣団《かしんだん》の住《す》む町《まち》づくりを始《はじ》めてまもない府中《ふちゅう》ののどもとである。9月《がつ》に甲斐《かい》の国《くに》へなだれこんだ今川《いまがわ》の大軍《たいぐん》は、破《は》竹《ちく》の勢《いきお》いで進軍《しんぐん》をつづけ、いましも武田信虎《たけだのぶとら》の本拠地《ほんきょち》をたたこうとしていた。

「おのれ、今川勢《いまがわぜい》め！　われらが武田《たけだ》を見《み》くびりおって。目《め》にものを見《み》せてくれる。府《ふ》中《ちゅう》には一騎《いっき》たりとも入《い》れるものか。」

信虎《のぶとら》はただちに出陣《しゅつじん》した。だが、いかんせん手勢《てぜい》がとぼしい。今川軍《いまがわぐん》の1万《まん》500

0に対《たい》し、2000そこそこである。府中《ふちゅう》の運命《うんめい》はいまや、風前《ふうぜん》のともしびだった。苦戦《くせん》でも、しのげればいい。しのげなければ、府中《ふちゅう》がふみにじられ、武田家《たけだけ》がほろんでしまう。それだけに、たとえ手勢《てぜい》がとぼしくても、信虎《のぶとら》は、なにがなんでも今川軍《いまがわぐん》をしりぞけなくてはならない。

「なあに、合戦《かっせん》は人数《にんずう》などではないわ。わしは15歳《さい》［1］のおり、わずかに41騎《き》の騎《き》馬武者《ばむしゃ》と300の兵《へい》で、200騎《き》、1200の兵《へい》を奇襲《きしゅう》で打《う》ちやぶったことがある。それを思《おも》えば、今度《こんど》とておそれるに足《た》らん。大軍《たいぐん》は数《かず》にまかせて油断《ゆだん》を生《う》む。また、小回《こまわ》りもきかない。今川軍《いまがわぐん》はもう、勝《か》ったつもりでおる。その油断《ゆだん》をついて、奇襲《きしゅう》をかけるのだ。その手《て》はずだが……。」

信虎《のぶとら》は騎馬武者《きばむしゃ》の将《しょう》たちを本陣《ほんじん》に集《あつ》めて、作戦《さくせん》を練《ね》った。武田家《たけだけ》18代目《だいめ》の信虎《のぶとら》はこのとき、28歳《さい》。たびたびの合戦《かっせん》に勝《か》って、政略《せいりゃく》にも知恵《ちえ》をめぐらし、みだれていた甲《か》

［1］信虎《のぶとら》の生年《せいねん》は、1494年《ねん》とされてきたが、近年《きんねん》では1498年《ねん》とする説《せつ》もある。

斐《い》をようやくひとつにまとめかけているやさきである。府中《ふちゅう》の町《まち》づくりもまだまだというときに、今川軍《いまがわぐん》が侵入《しんにゅう》してきたのだった。

信虎《のぶとら》の武田家《たけだけ》は、長元《ちょうげん》2（1029）年《ねん》に、源頼信《みなもとのよりのぶ》が甲斐《かい》の国守《こくしゅ》として、京《きょう》の都《みやこ》からはるばるくだってきたときから、500年《ねん》になろうとする歴史《れきし》をもつ、甲斐源氏《かいげんじ》の名門《めいもん》だった。

源頼信《みなもとのよりのぶ》のあと、頼義《よりよし》、義光《よしみつ》（新羅三郎《しんらさぶろう》）とつづいて、国守《こくしゅ》の地位《ちい》をしっかりかためた一族《いちぞく》は、義光《よしみつ》から3代《だい》のちの信義《のぶよし》のときから、武田《たけだ》の姓《せい》を名乗《なの》るようになった。一族《いちぞく》が、いまの韮崎市《にらさきし》（山梨県《やまなしけん》）の武田《たけだ》というところに根《ね》をおろしたのが姓《せい》のいわれである。

武田家《たけだけ》は代《だい》を重《かさ》ねるにつれて、甲斐《かい》の各地《かくち》に領地《りょうち》をもらい、枝分《えだわ》かれしていった。こうした人《ひと》たちは「国人《こくじん》」とよばれ、それぞれの土地《とち》の豪族《ごうぞく》として力《ちから》をふるうようになった。

これを、甲斐武田家《かいたけだけ》の発展《はってん》とばかりはよろこべなかった。国人《こくじん》たちが、たがいに血《ち》で血《ち》をあらう同族同士《どうぞくどうし》の戦《たたか》いをくりかえし、国中《くにじゅう》がみだれにみだれてしまったからだ。一族《いちぞく》の力《ちから》がすっかりおとろえると、甲斐《かい》の実権《じっけん》は守護代《しゅごだい》の跡部《あとべ》一族《いちぞく》ににぎられてしまい、武田家《たけだけ》の影《かげ》がうすくなってしまった。

この跡部《あとべ》一族《いちぞく》を、いまの甲府《こうふ》の東《ひがし》、石和《いさわ》の夕狩沢《ゆうかりざわ》に追《お》いつめて、武田家《たけだけ》の勢《いきお》いをもりかえしたのが、16代目《だいめ》の信昌《のぶまさ》だった。寛正《かんしょう》6（1465）年《ねん》に夕狩沢《ゆうかりざわ》で跡部《あとべ》一族《いちぞく》を全滅《ぜんめつ》させた信昌《のぶまさ》は、甲斐武田家《かいたけだけ》の始祖《しそ》、源頼信《みなもとのよりのぶ》が国守《こくしゅ》としてやってきたときから、じつに400年《ねん》ぶりに甲斐《かい》の守護大名《しゅごだいみょう》の実権《じっけん》をとりもどしたのである。

信昌《のぶまさ》はまもなく、17歳《さい》の信縄《のぶつな》にあとをつがせ、隠退《いんたい》していった。信縄《のぶつな》には、信恵《のぶよし》という弟《おとうと》がいた。弟《おとうと》の信恵《のぶよし》は、信縄《のぶつな》ひとりが領地《りょうち》を受《う》けつぐのは不公平《ふこうへい》だとして、争《あらそ》いを起《お》こした。

「信恵《のぶよし》さまの言《い》うとおりだ。」

「いや、領地《りょうち》は分《わ》けるべきでない。総領《そうりょう》（長男《ちょうなん》）の信縄《のぶつな》さまだけが受《う》けつがれるのが筋《すじ》だ。」

せっかく信昌《のぶまさ》が立《た》てなおした武田一族《たけだいちぞく》なのに、領地《りょうち》をめぐる内輪《うちわ》もめからふたつにわれてしまい、豪族《ごうぞく》たちが信縄側《のぶつながわ》、信恵側《のぶよしがわ》に分《わ》かれていがみあうようになった。

――漁夫《ぎょふ》の利《り》、ということわざがある。貝《かい》と鳥《とり》とがけんかをして、両者《りょうしゃ》がたがいに傷《きず》ついたところを、第三者《だいさんしゃ》の漁師《りょうし》がどっちもいただいてしまうたとえをいうのだが、甲斐《かい》の内乱《ないらん》にチャンス到来《とうらい》とばかり、駿河《するが》（現在《げんざい》の静岡県《しずおかけん》の一部《いちぶ》）の今川軍《いまがわぐん》がせめてきた。明応《めいおう》1（1492）年《ねん》のことである。つづく4年《ねん》と5年《ねん》には、相模《さがみ》（現在《げんざい》の神奈川《かながわ》県《けん》）の伊勢新九郎《いせしんくろう》（のちの北条早雲《ほうじょうそううん》）が、富士山《ふじさん》のふもとをまわって、甲斐《かい》にせめこんできた。

こうした戦国乱世《せんごくらんせい》のまっただなかに、武田信虎《たけだのぶとら》は信縄《のぶつな》の長男《ちょうなん》として生《う》まれている。

信縄《のぶつな》は文亀《ぶんき》1（1501）年《ねん》に、これまで以上《いじょう》の大軍《たいぐん》でおしよせてきた伊勢新九郎《いせしんくろう》の軍《ぐん》を、大合戦《だいかっせん》のすえに追《お》いはらったが、永正《えいしょう》4（1507）年《ねん》に病死《びょうし》してしまった。

わずか14歳《さい》の信虎《のぶとら》が武田家《たけだけ》18代目《だいめ》を引《ひ》きつぐと、

「たたくならいまのうちだ。」

おじの信恵《のぶよし》（信虎《のぶとら》の父信縄《ちちのぶつな》の弟《おとうと》）が、兵《へい》を集《あつ》めて、まきかえしをくわだてた。たとえ相手《あいて》がおじであろうと、せめなければ、せめられる。攻撃《こうげき》こそが、最良《さいりょう》の守《まも》りなのである。武田本家《たけだほんけ》、甲斐守護《かいしゅご》の職《しょく》を守《まも》っていくためには、おじもへったくれもない。

そこで信虎《のぶとら》は、家《いえ》をついだ翌年《よくとし》、41騎《き》と300の兵《へい》で、おじ信恵《のぶよし》の200騎《き》、1200の兵《へい》を、曾根勝山《そねかつやま》に打《う》ちやぶって、大勝利《だいしょうり》をおさめたのである。このとき、わずか15歳《さい》だった。信恵《のぶよし》のとむらい合戦《がっせん》をいどんできた小山田弥太郎《おやまだやたろう》の軍《ぐん》も河口湖《かわぐちこ》にやぶった信虎《のぶとら》は、これでおおいに自信《じしん》をつけた。

だが、国人《こくじん》たちは信虎《のぶとら》につめたかった。なぜなら、信虎《のぶとら》にはまだ守護大名《しゅごだいみょう》としての実力《じつりょく》がともなっていないのに、自分《じぶん》たちを支配《しはい》しようとしていると思《おも》ったからだ。

「武田《たけだ》の統領《とうりょう》の血筋《ちすじ》を受《う》けついでいても、信虎《のぶとら》の力《ちから》は国人《こくじん》とちがわないではないか。」

「あの若《わか》ぞうが守護《しゅご》だと。おこがましいわ。」

と、せせらわらったり、無視《むし》してあいさつにもこない国人《こくじん》がほとんどだった。なかでも、とりわけ勢力《せいりょく》の強大《きょうだい》な大井信達《おおいのぶさと》は、信虎《のぶとら》を無視《むし》しただけではない。いまの静岡県《しずおかけん》である駿河《するが》と遠江《とおとうみ》の国《くに》の守護《しゅご》、今川氏親《いまがわうじちか》の援助《えんじょ》をよいことに、明《あき》らかな敵意《てきい》をしめすようになった。

「こともあろうに、他国《たこく》の守護《しゅご》と手《て》をむすんでまで、さからおうというのか。甲斐《かい》の国人《こくじん》のほこりをすてて、今川《いまがわ》の兵《へい》に援助《えんじょ》をもとめるとは、なんというはじ知《し》らず。これを見《み》のがしておけば、ほかの国人《こくじん》たちも、今川《いまがわ》や北条《ほうじょう》とむすんで、われらをおびやかすにちがいない。大井信達《おおいのぶさと》をねじふせて、われらの力《ちから》を見《み》せつけなくては、守護《しゅご》の名《な》が泣《な》くというもの。出陣《しゅつじん》を急《いそ》げ！」

22歳《さい》の信虎《のぶとら》は、大井信達《おおいのぶさと》をあるじとする上野城《うわのじょう》へ兵《へい》を進《すす》めた。永正《えいしょう》12（1515）年《ねん》の秋《あき》のことである。上野城《うわのじょう》はいまの山梨県南《やまなしけんみなみ》アルプス市《し》の櫛形山《くしがたやま》のふもとにあって、またの名《な》を椿城《つばきじょう》といった。

しかし、信虎《のぶとら》の軍《ぐん》は勝《か》てなかった。上野城《うわのじょう》のまわりが深《ふか》い田《た》んぼであることを知《し》らないでせめよせたため、兵《へい》も馬《うま》も泥田《どろた》に足《あし》をとられて、身動《みうご》きがとれなかったところに、弓矢《ゆみや》のいっせい攻撃《こうげき》をあびたのである。

「退《ひ》け、退《ひ》け！」

信虎《のぶとら》は多《おお》くの兵《へい》や馬《うま》をうしなって、命《いのち》からがらにげかえった。はじめて味《あじ》わう負《ま》けいくさだった。いっぽう、信虎《のぶとら》をしりぞけた大井信達《おおいのぶさと》は、

「それ見《み》たことか。信虎《のぶとら》など、口《くち》ほどにもないやつよ。」

と、得意満面《とくいまんめん》。さらに大《おお》きな態度《たいど》をとるようになった。だが、一度《いちど》の敗戦《はいせん》でかぶとをぬぐ信虎《のぶとら》ではない。次《つぎ》の年《とし》に、軍《ぐん》をいっそう強化《きょうか》して、ふたたび上野城《うわのじょう》をせめ、手《て》いたい打撃《だげき》をあたえた。それでも、今川氏親《いまがわうじちか》の援助《えんじょ》があるだけに、大井信達《おおいのぶさと》はしぶとい。戦《たたか》いは2年《ねん》におよんでも、けりがつかなかった。この戦《たたか》いのさなかに、今川《いまがわ》の軍《ぐん》が甲斐《かい》の中央部《ちゅうおうぶ》に進出《しんしゅつ》してきた。他国《たこく》の軍《ぐん》に占領《せんりょう》をゆるしたのでは、守護《しゅご》の信虎《のぶとら》の面目《めんぼく》がまるつぶれである。内部《ないぶ》の敵《てき》の大井信達《おおいのぶさと》にも手《て》を焼《や》いているのに、外部《がいぶ》からも今川軍《いまがわぐん》がやすやす入《はい》ってくるしまつだ。ピンチに立《た》った信虎《のぶとら》は、全力《ぜんりょく》をあげて、まず今川軍《いまがわぐん》を国外《こくがい》へ追《お》いはらわなくてはならなかった。

2年目《ねんめ》ともなると、さすがに大井信達《おおいのぶさと》も戦力《せんりょく》が落《お》ちてきた。信虎《のぶとら》の軍《ぐん》も、多《おお》くのぎせいをはらってきている。このままたたかいつづけては、おたがいがともだおれになってしまうことがはっきりしてきた。そこで両者《りょうしゃ》は、それまでのうらみを水《みず》に流《なが》して、手《て》をむすびあうことにした。この協定《きょうてい》は、信虎《のぶとら》が、大井信達《おおいのぶさと》の娘《むすめ》を妻《つま》にむかえることで成立《せいりつ》をみた。

国人《こくじん》の最大勢力《さいだいせいりょく》グループ大井家《おおいけ》とは、たしかな信頼関係《しんらいかんけい》ができたものの、甲斐《かい》の平和《へいわ》は、まだまだよみがえらなかった。信虎《のぶとら》の支配下《しはいか》におさまることをきらう、ほかの国人《こくじん》たちが、あいついで反信虎《はんのぶとら》の戦《たたか》いをいどんできた。信虎《のぶとら》はそのたびに出陣《しゅつじん》して、反乱《はんらん》をおさめなければならなかった。

信虎《のぶとら》はそれをたたかいぬいて、国人《こくじん》のほとんどをしたがえ、ようやく名実《めいじつ》ともに甲斐守護《かいしゅご》の地位《ちい》をかためたのである。その自信《じしん》から、府中《ふちゅう》のつつじケ崎《がさき》に館《やかた》をうつしたり、町《まち》づくりに手《て》をつけたりすることができたのだった。いまの甲府市武田神社《こうふしたけだじんじゃ》のところにつくられたつつじケ崎《がさき》の館《やかた》は、堀《ほり》も小《ちい》さく、建物《たてもの》も城構《しろがま》えのりっぱなものではなかった。支配《しはい》されることをきらう国人《こくじん》たちから、反感《はんかん》を買《か》わないようにするため、わざとそまつなつくりにしてあった。

信虎《のぶとら》がつつじケ崎《がさき》の館《やかた》のあるじになって2年《ねん》。

「これから、さらにしっかり甲斐《かい》の国内《こくない》を統一《とういつ》したうえで、他国《たこく》に領地《りょうち》を広《ひろ》げていこう。」

信虎《のぶとら》はそう考《かんが》えていた。

甲斐《かい》は山国《やまぐに》である。他国《たこく》にくらべて、たがやせる田畑《たはた》がかぎられていた。田畑《たはた》がとぼしいと、兵力《へいりょく》もやしなえない。しかも、内陸《ないりく》にふうじこめられている。

それに引《ひ》きかえ、伊豆《いず》・相模《さがみ》および武蔵《むさし》・下総《しもうさ》の一部《いちぶ》をおさめる北条氏《ほうじょうし》と、駿河《するが》・遠江《とおとうみ》をおさめる今川氏《いまがわし》は、兵力《へいりょく》も強大《きょうだい》だった。甲斐《かい》は、今川《いまがわ》からも北条《ほうじょう》からもねらわれていた。信虎《のぶとら》が今川《いまがわ》や北条《ほうじょう》と、正面《しょうめん》からたたかうだけの兵力《へいりょく》をやしなうには、信濃《しなの》（現在《げんざい》の長野県《ながのけん》）を手《て》に入《い》れる必要《ひつよう》があった。信虎《のぶとら》の夢《ゆめ》は大《おお》きい。甲斐《かい》を統一《とういつ》したあとは、周辺《しゅうへん》の国々《くにぐに》をつぎつぎとしたがえて、大国《たいこく》の大名《だいみょう》になりたい——。そうした野望《やぼう》

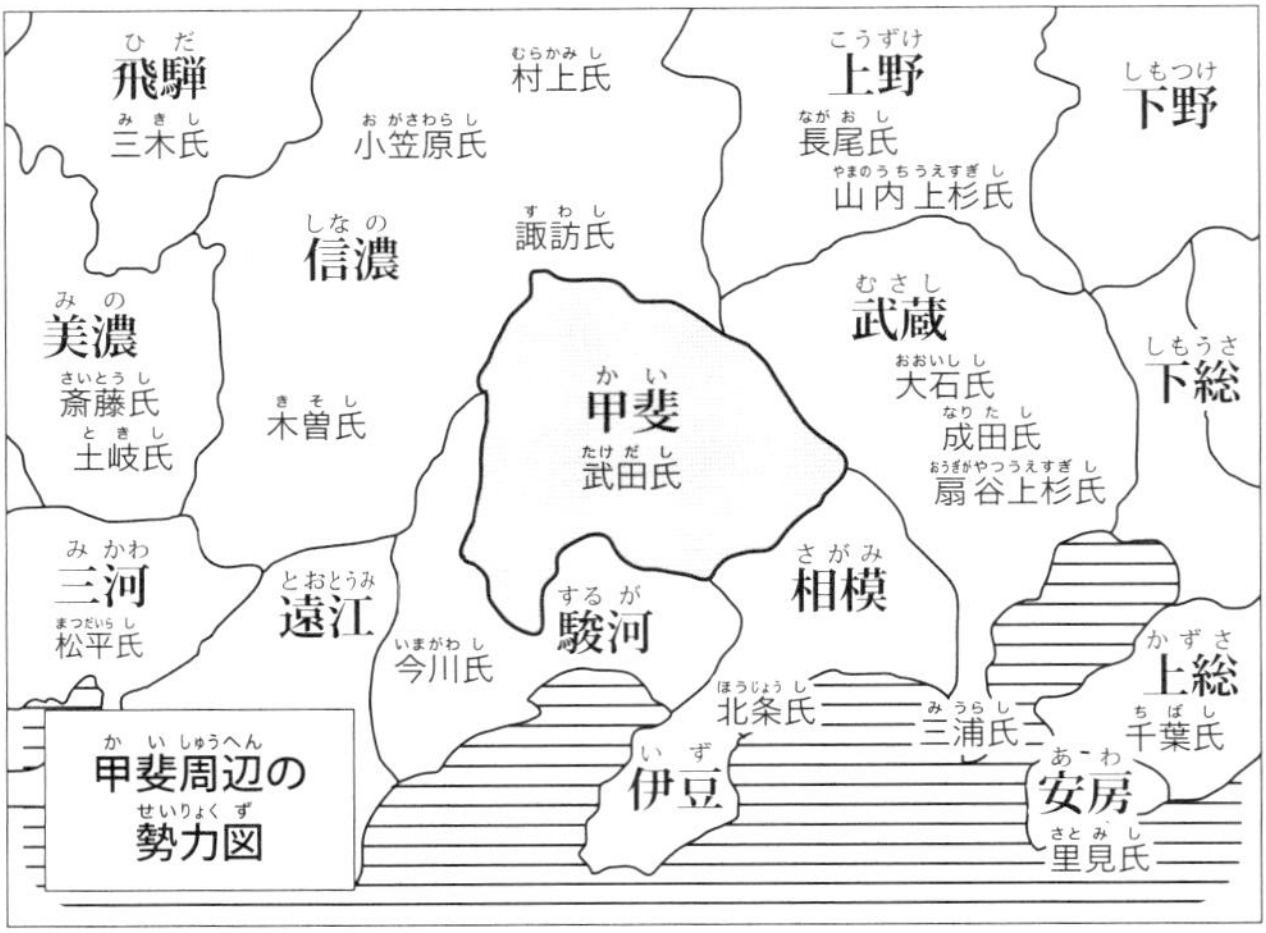

甲斐周辺《かいしゅうへん》の勢力図《せいりょくず》

が、信虎《のぶとら》の胸《むね》のおくにいだかれていた。

しかし、甲斐《かい》の周辺《しゅうへん》には今川《いまがわ》や北条《ほうじょう》といった力《ちから》の強《つよ》い大名《だいみょう》がいる。信虎《のぶとら》は、甲斐《かい》の統一《とういつ》さえもじゅうぶんでなく、野望《やぼう》への最初《さいしょ》の一歩《いっぽ》をまだふみだせないでいた。そこに今川氏親《いまがわうじちか》の家来《けらい》、福島正成《くしままさなり》が大軍《たいぐん》をひきいて、府中《ふちゅう》にせまったのである。

戦《たたか》いは明《あき》らかに今川軍《いまがわぐん》が有利《ゆうり》だったが、11月《がつ》の3日《みっか》、信虎《のぶとら》の全軍《ぜんぐん》をふるいたたせる、すばらしい知《し》らせがもたらされた。

「お屋形《やかた》さま（信虎《のぶとら》）に、お世《よ》つぎがお生《う》まれなされたぞ。たいそう元気《げんき》なお子《こ》じゃそうな。」

信虎《のぶとら》に長男《ちょうなん》が生《う》まれたのである。この男《おとこ》の子《こ》こそ、のちの武田信玄《たけだしんげん》だった。

武田軍《たけだぐん》の士気《しき》はもりあがった。

夜襲《やしゅう》に次《つ》ぐ夜襲《やしゅう》をかけて、敵《てき》が混乱《こんらん》するすきに、ついには大将《たいしょう》のひとり荻原常陸介《おぎわらひたちのすけ》が本陣《ほんじん》に突入《とつにゅう》。敵《てき》の総大将《そうだいしょう》、福島正成《くしままさなり》の御首級《みしるし》（首《くび》）をとるという大手柄《おおてがら》をあげた。

福島軍《くしまぐん》は総《そう》くずれとなった。

「見《み》ろ、先《さき》をあらそってにげていく。追《お》いうちにはおよばぬぞ。勝《か》ちどき〔2〕をあげい！」

「えい、えい、おう！」

武田軍《たけだぐん》の勝《か》ちどきは、あたりの山々《やまやま》にひびいた。

この勝利《しょうり》は、甲斐《かい》の国人《こくじん》たちに信虎《のぶとら》の実力《じつりょく》を見《み》せつけるにじゅうぶんだったが、国《こく》内《ない》にはまだ、信虎《のぶとら》にしたがわない勢力《せいりょく》もあった。しかし、かれの名《な》は、ほどなく、京《きょう》

〔2〕いくさに勝《か》ったときに、おおぜいの人《ひと》がいっしょにあげる、いさましい声《こえ》。

の将軍《しょうぐん》足利義晴《あしかがよしはる》の耳《みみ》にも入《はい》るほどになって、

「信虎《のぶとら》は、その名《な》のとおりの甲斐《かい》の猛虎《もうこ》だ。」

北条《ほうじょう》や今川《いまがわ》と肩《かた》をならべる、有力《ゆうりょく》な大名《だいみょう》に数《かぞ》えられはじめた。義晴《よしはる》からは、はげましのたよりもとどけられた。

父《ちち》にきらわれた子《こ》

28歳《さい》になっていた信虎《のぶとら》は、長男《ちょうなん》の誕生《たんじょう》に、いかつい顔《かお》をほころばせた。しかも、世《よ》つぎ誕生《たんじょう》にふるいたった部下《ぶか》たちの働《はたら》きで、福島正成《くしままさなり》の今川軍《いまがわぐん》をしりぞけたのだから、二重《にじゅう》の喜《よろこ》びである。

「でかした、でかした。勝利《しょうり》はこの子《こ》がもたらしてくれたようなものだ。よって、勝《かつ》千代《ちよ》と名《な》づけよう。」

信虎《のぶとら》は、つつじケ崎《がさき》の館《やかた》の北《きた》にそびえる丸山《まるやま》の石水寺《せきすいじ》（現在《げんざい》は積翠寺《せきすいじ》と書《か》き、甲府市《こうふし》の上積翠寺町《かみせきすいじまち》にある寺《てら》）に、夫人《ふじん》を見舞《みま》った。夫人《ふじん》はつつじケ崎《がさき》の館《やかた》が、今川軍《いまがわぐん》にせめられることも考《かんが》え、要害《ようがい》になっている丸山《まるやま》の山城《やまじろ》へひなんする途中《とちゅう》、けわしい山《やま》を登《のぼ》りきれないため、石水寺《せきすいじ》にもどって出産《しゅっさん》したのだった。

先《さき》にもふれたが、信虎《のぶとら》の夫人《ふじん》は、国人《こくじん》の最大勢力《さいだいせいりょく》をほこった大井信達《おおいのぶさと》の娘《むすめ》である。夫人《ふじん》はすでに長女《ちょうじょ》をもうけていたが、男《おとこ》の子《こ》ははじめての出産《しゅっさん》だった。

「なかなかの面構《つらがま》えをしておる。さぞや、たくましくかしこい若武者《わかむしゃ》になるであろう。勝千代《かつちよ》はふだんのよび名《な》。正式《せいしき》な名《な》は太郎《たろう》とする。」

信虎《のぶとら》が言《い》うと、側近《そっきん》ナンバーワンの板垣信方《いたがきのぶかた》（信形《のぶかた》ともいう）が、不思議《ふしぎ》そうに、

「武田家《たけだけ》は代々《だいだい》、お世《よ》つぎの名《な》は五郎《ごろう》さまと決《き》まっておりましたが……。」

と、たずねた。

「いかにも、これまではそうしてきた。甲斐《かい》の守護《しゅご》の嫡男《ちゃくなん》（世《よ》つぎ）は、五郎《ごろう》だったが、これからは太郎《たろう》としていく。なぜなら、これからの武田家《たけだけ》は、単《たん》に甲斐一国《かいいっこく》の守《しゅ》護大名《ごだいみょう》にあまんずるものではない。周辺《しゅうへん》の国々《くにぐに》をすべて支配下《しはいか》におさめ、天下《てんか》に武田《たけだ》

の名《な》をとどろかせねばならん。道《みち》はけわしいが、それを切《き》りひらいていくつもりだ。つまり、甲斐《かい》の武田《たけだ》から、天下《てんか》の武田《たけだ》へと、あらたな道《みち》をふみだすにあたって、世《よ》つぎは太郎《たろう》とあらためるのだ。」

信虎《のぶとら》の意気《いき》ごみに、側近《そっきん》たちはうなずきあった。

太郎《たろう》はよく乳《ちち》を飲《の》んで、すくすく成長《せいちょう》した。父親《ちちおや》ゆずりのはげしい気性《きしょう》の子《こ》どもで、乳母《うば》たちを手《て》こずらせるきかんぼうだった。

「さすがはわしの子《こ》。武田《たけだ》のあとつぎは、これくらいきかん気《き》でなければつとまらん。」

信虎《のぶとら》はきげんよく目《め》を細《ほそ》めていたが、やがて、太郎《たろう》に弟《おとうと》の次郎《じろう》（のちの信繁《のぶしげ》）が生《う》まれて、数年《すうねん》もすると、顔《かお》つきがいかめしくて気性《きしょう》のはげしい太郎《たろう》よりも、美人《びじん》の母《はは》に似《に》て目鼻《めはな》だちのととのった次郎《じろう》のほうをかわいがるようになった。

このことがのちのち、信虎《のぶとら》の身《み》に思《おも》いもよらないできごとをまねくのだが、それはまだ、しばらくおこう。

太郎《たろう》が生まれてから10年《ねん》あまり、信虎《のぶとら》は気持《きも》ちの休《やす》まるひまがなかった。戦国《せんごく》の武将《ぶしょう》として、京《きょう》の有力者《ゆうりょくしゃ》にその名《な》を知《し》られるようになって、将軍義晴《しょうぐんよしはる》からはげましを受《う》けたとはいえ、念願《ねんがん》の信濃《しなの》への進出《しんしゅつ》はままならなかった。享禄《きょうろく》1（1528）年《ねん》の夏《なつ》、はじめて信濃《しなの》の佐久《さく》へ侵入《しんにゅう》して、諏訪頼満《すわよりみつ》と頼隆《よりたか》の父子《ふし》とたたかったが、大敗《たいはい》してしまった。すると、これまで信虎《のぶとら》の配下《はいか》だった飯富《おぶ》・栗原《くりはら》・今井《いまい》・大井《おおい》といった国人《こくじん》たちが、諏訪頼満《すわよりみつ》・頼隆父子《よりたかふし》と組《く》んで、府中《ふちゅう》をせめようとはかった。

しのびの者《もの》（忍者《にんじゃ》）たちのもたらす情報《じょうほう》を耳《みみ》にした信虎《のぶとら》は、いち早《はや》く行動《こうどう》を起《お》こすと、反乱軍《はんらんぐん》をつぎつぎに打《う》ちやぶって、諏訪氏《すわし》を佐久《さく》へおしもどした。これが享禄《きょうろく》4（1531）年《ねん》である。そして、あくる天文《てんぶん》1（1532）年《ねん》の秋《あき》、なおもそむきつづけた今井信元《いまいのぶもと》をくだして、ここに甲斐一国《かいいっこく》を完全《かんぜん》に手《て》におさめたのだった。

だが、信濃《しなの》へ手《て》をのばせば、そのすきをついて、北条氏《ほうじょうし》が甲斐《かい》にせめこんでくる。そこで信虎《のぶとら》は、北条氏《ほうじょうし》とともに関東《かんとう》の領地《りょうち》をうばいあっている上杉氏《うえすぎし》と同盟《どうめい》をむすんで、北条《ほうじょう》がもしも甲斐《かい》をおびやかせば、上杉《うえすぎ》に討《う》ってもらおうと考《かんが》えた。

関東管領《かんとうかんれい》の職《しょく》にある上杉家《うえすぎけ》には、山内《やまのうち》と扇谷《おうぎがやつ》の2氏《し》があった。信虎《のぶとら》はまず、山内上《やまのうちうえ》杉《すぎ》と手《て》をむすんだ。上杉憲房《うえすぎのりふさ》の側室《そくしつ》［3］の娘《むすめ》を、側室《そくしつ》にむかえることで、つながりをつけたのである。そして、天文《てんぶん》2（1533）年《ねん》には、扇谷上杉《おうぎがやつうえすぎ》の上杉朝興《うえすぎともおき》の娘《むすめ》を、13歳《さい》になったばかりの太郎《たろう》の正室《せいしつ》にむかえて、同盟《どうめい》をかためたのだった。

けっして、太郎《たろう》がのぞんだ結婚《けっこん》ではなかった。朝興《ともおき》の娘《むすめ》も、おそらくそれをのぞみはしなかったろう。のぞんだのは、武田家《たけだけ》であり、上杉家《うえすぎけ》だった。子《こ》ども同士《どうし》を結婚《けっこん》させることで、どちらも有利《ゆうり》になる。武田家《たけだけ》は上杉家《うえすぎけ》と同盟《どうめい》することで、信濃《しなの》へ侵入《しんにゅう》をはかれるし、上杉家《うえすぎけ》は武田家《たけだけ》という強力《きょうりょく》な味方《みかた》をもつことで、関東《かんとう》における北条《ほうじょう》との戦《たたか》いを有利《ゆうり》に運《はこ》べる。こうした思《おも》わくと思《おも》わくが、まだ元服《げんぷく》もしていない太郎《たろう》と、朝興《ともおき》の娘《むすめ》を結婚《けっこん》させたのである。

「戦国《せんごく》の世《よ》を生《い》きていくには、戦略《せんりゃく》と政略《せいりゃく》。このふたつをうまくかみあわせてこそ、

［3］一夫多妻制《いっぷたさいせい》のもとで、第《だい》1位《い》の妻《つま》である正室《せいしつ》以外《いがい》の妻《つま》のこと。

大《おお》きな大名《だいみょう》に成長《せいちょう》することができるのだ。」

太郎《たろう》はこう言《い》ってはばからない信虎《のぶとら》の生《い》きざまを、まのあたりにしながら成長《せいちょう》してきたが、信虎《のぶとら》はあいかわらず、太郎《たろう》より次郎《じろう》のほうをかわいがっていた。こんな話《はなし》がある。

太郎《たろう》が上杉朝興《うえすぎともおき》の娘《むすめ》をめとった13歳《さい》のあるとき、父《ちち》の信虎《のぶとら》がすえものぎりをこころみた。すえものというのは、罪《つみ》をおかしたりした人間《にんげん》をしばって、動《うご》けないようにすえおき、切《き》りすてるのである。信虎《のぶとら》は一刀《いっとう》のもとにすえものを切《き》ってすてると、

「次郎《じろう》、やってみい！」

刀《かたな》をとらせた。次郎《じろう》はなんら臆《おく》することなく、ばっさりとすえものを切《き》った。

「なかなかの手《て》なみ。ほめてとらす。」

信虎《のぶとら》は上《じょう》きげんで、

「太郎《たろう》、今度《こんど》はおまえだ。」

と、指図《さしず》した。太郎《たろう》はしぶしぶ刀《かたな》をぬいたものの、顔《かお》はまっ青《さお》。あぶら汗《あせ》をうかべ、

手《て》もとが小《こ》きざみにふるえていた。気合《きあい》とともに切《き》ったものの、切《き》りそこねてしまった。

「すえものを切《き》りそこねて、弟《おとうと》におくれをとるとは、なげかわしいやつ！」

信虎《のぶとら》ははげしく怒《おこ》って、次郎《じろう》の手《て》を引《ひ》くと、館《やかた》にもどっていった。すると、太郎《たろう》はとたんに、からからと大《おお》きなわらい声《ごえ》をあげた。

「太郎《たろう》ぎみは、はじをはじとも思《おも》わんようじゃ……。」

「武田家《たけだけ》のあと取《と》りがこれではのう……。」

家臣《かしん》たちはまゆをくもらせたが、ひとり、まったくちがう見方《みかた》をした男《おとこ》がいた。荻《おぎ》原常陸介《わらひたちのすけ》。――飯田河原《いいだがわら》にせめよせた今川《いまがわ》の将《しょう》、福島正成《くしままさなり》をしとめたつわものである。

「これぞ、大物《おおもの》。なにを心配《しんぱい》することがあろう。」

常陸介《ひたちのすけ》が言《い》うと、

「なぜ、そんなことが言《い》いきれるのだ。」

ほかの家臣《かしん》たちが聞《き》きかえした。

「しょせん、すえものぎりなどというものは、武士《ぶし》として、小手先《こてさき》のわざではないか。太郎《たろう》ぎみには、小手先《こてさき》のわざなど、眼中《がんちゅう》におかれてないのだ。太郎《たろう》ぎみの武田家《たけだけ》は、これからますます力《ちから》をのばしましょうぞ。」

常陸介《ひたちのすけ》の見方《みかた》に、

「なるほど、そうであったか。」

うなずく家臣《かしん》たちが多《おお》かった。

太郎《たろう》が信虎《のぶとら》にきらわれていたことをものがたるできごとが、もうひとつ、同《おな》じ年《とし》にあった。

太郎《たろう》は府中《ふちゅう》に屋敷《やしき》をもらって、つつじケ崎《がさき》の館《やかた》の信虎《のぶとら》とはべつに住《す》んでいた。太郎《たろう》はある日《ひ》、家来《けらい》のひとりをよんで言《い》いつけた。

「父上《ちちうえ》は、たくさんの馬《うま》をもっておられる。なかでも、鬼鹿毛《おにかげ》という名馬《めいば》は、幅《はば》が10丈《じょう》（約《やく》30メートル）もある堀《ほり》を、ひと飛《と》びにこえる駿馬《しゅんめ》だ。ところが、いつも馬小屋《うまごや》につながれている。これでは宝《たから》の持《も》ちぐされではないか。父上《ちちうえ》にたのんで、もらいうけてきてくれ。」

「ははっ。」

家来《けらい》はさっそく信虎《のぶとら》に面会《めんかい》すると、太郎《たろう》から言《い》いつかったことがらをつたえた。

「なに、鬼鹿毛《おにかげ》がほしいじゃと。たわけたことをぬかしおる。わしの自慢《じまん》の名馬《めいば》を、元服《げんぷく》もしていない太郎《たろう》に、ゆずれるはずがなかろう。いまはまだ早《はや》い。太郎《たろう》には数年《すうねん》のうちに元服《げんぷく》させたいと思《おも》っている。そのときに、武田家《たけだけ》に代々《だいだい》つたわる旗《はた》や、よろい、太刀《たち》などをゆずりわたすつもりだから、鬼鹿毛《おにかげ》もそれまで待《ま》つように申《もう》せ。」

信虎《のぶとら》のこの返事《へんじ》に、太郎《たろう》は納得《なっとく》しなかった。すぐにまた、家来《けらい》をつかわした。

「太郎《たろう》ぎみがおおせられるには、代々《だいだい》の旗《はた》やかぶとや刀《かたな》などの宝物《たからもの》は、いずれ武田家《たけだけ》をつぐおりにちょうだいしたいとのこと。二、三年《ねん》のうちに元服《げんぷく》がゆるされましても、まだ屋敷《やしき》の部屋住《へやず》みなので、宝物《たからもの》をいただくのは、はばかられます。しかしながら、鬼鹿毛《おにかげ》はいまから乗《の》りこなしておきませんと、いざ出陣《しゅつじん》というとき、お役《やく》に立《た》つことができません。それゆえ、ただちにいただきたいとのことにございます。」

家来《けらい》が言《い》いおわらないうちに、信虎《のぶとら》は刀《かたな》に手《て》をかけ、

「おのれ、太郎《たろう》め！　わしの指図《さしず》にだまってしたがえぬとは、ふとどき千万《せんばん》！　代々《だいだい》つたわる宝物《たからもの》より、鬼鹿毛《おにかげ》を先《さき》にくれとは、なんたるわがまま。武田家《たけだけ》のあとつぎを決《き》めるのは、このわしだぞ。長男《ちょうなん》があとをつぐとは決《き》まっておらん。親《おや》の指図《さしず》が不服《ふふく》というなら、たたきだしてくれる！」

いきなり、家来《けらい》に切《き》りかかった。わかいときから気性《きしょう》のあらあらしい信虎《のぶとら》は、かっとなるとなにをしでかすかわからなかった。戦《たたか》いに次《つ》ぐ戦《たたか》いに、かりだされた農民《のうみん》が、たまりかねて土地《とち》をすててにげれば、草《くさ》の根《ね》を分《わ》けてもさがしだして、きびしい処罰《しょばつ》をくわえたし、はら立《だ》ちまぎれに罪《つみ》のない人《ひと》たちを、幾人《いくにん》となく刀《かたな》にかけてきているい信虎《のぶとら》である。

「お静《しず》まりください。」

信虎《のぶとら》の家来《けらい》たちの必死《ひっし》のとりなしで、太郎《たろう》の家来《けらい》は、かろうじてにげかえることが

できたが、家来《けらい》からこれを聞《き》いた太郎《たろう》は、

「いまから鬼鹿毛《おにかげ》を乗《の》りこなして、合戦《かっせん》ではたらきたいという真意《しんい》を、父上《ちちうえ》はなぜ素《す》直《なお》にわかってくれないのだろう。このままでは、ほんとうに武田《たけだ》の家督《かとく》を次郎《じろう》にゆずってしまうかもしれない……。」

つきつめて考《かんが》えこんでしまった。

一族《いちぞく》や身内《みうち》までも、ようしゃなくせめて、甲斐一国《かいいっこく》をまとめあげた信虎《のぶとら》は、なみの男《おとこ》ではなかった。だが、太郎《たろう》も信虎《のぶとら》ゆずりの気性《きしょう》のはげしさをひめている。

「父上《ちちうえ》にわびたりするものか。」

と、武芸《ぶげい》の腕《うで》をみがいた。

父《ちち》は子《こ》をうとんじ、子《こ》は父《ちち》ににくしみをいだく。この対立《たいりつ》のみぞは、深《ふか》まるばかりだった。信虎《のぶとら》はあらたに同盟《どうめい》した今川《いまがわ》に、太郎《たろう》を行儀見習《ぎょうぎみなら》いの名目《めいもく》であずけてしまい、実際《じっさい》には甲斐《かい》から追《お》いはらってしまうことを、大真面目《おおまじめ》に考《かんが》えていた。

あざやかな初陣《ういじん》

「かりに冗談《じょうだん》にもせよ、はら立《だ》ちまぎれの暴言《ぼうげん》にもせよ、あとつぎの太郎《たろう》ぎみを追放《ついほう》するなどとは、二度《にど》と口《くち》にされるべきではありません。」

信虎《のぶとら》から信頼《しんらい》されている禅宗《ぜんしゅう》の坊《ぼう》さんである春巴《しゅんぱ》は、ただちにつつじケ崎《がさき》の館《やかた》に信《のぶ》虎《とら》をたずねて、意見《いけん》をした。信虎《のぶとら》は、

「わかっておる。つい、口《くち》がすべったのだ。本心《ほんしん》から言《い》ったことではない。」

と、かわしたが、春巴《しゅんぱ》はなおも言葉《ことば》を重《かさ》ねた。

「天下《てんか》に名《な》をとどろかせようとしている武田家《たけだけ》が、父《ちち》と子《こ》のにらみ合《あ》いをしていたのでは、家臣団《かしんだん》のまとまりにもひびを入《い》れましょう。げんに、これからは信虎《のぶとら》さまの時《じ》代《だい》ではなく、太郎《たろう》ぎみこそが武田家《たけだけ》を背負《せお》って立《た》つ者《もの》と見《み》ている家臣《かしん》も、少《すく》なくはありません。」

「ばかな！　それは買《か》いかぶりというものだ。太郎《たろう》はうつけ（おろか者《もの》）で、ひたすらがむしゃらなだけではないか。学問《がくもん》もせんから、人《ひと》の心《こころ》をつかむすべ（方法《ほうほう》）を知《し》らん。」

「いや、それはちがいましょう。太郎《たろう》ぎみは学問《がくもん》もよく積《つ》み、文武両道《ぶんぶりょうどう》にすぐれておられます。しかも、あいつぐ戦《たたか》いにつかれはてている領民《りょうみん》への思《おも》いやりもあつく、おわかいながら、なかなかの人望《じんぼう》の持《も》ち主《ぬし》との評判《ひょうばん》にございます。」

「うつけの太郎《たろう》に望《のぞ》みをかける家臣《かしん》たちがいるとは、あきれたものよ。そんなことがあってたまるものか。」

信虎《のぶとら》は、信《しん》じられないといった顔《かお》で、わらいとばしたが、

「いずれにしても、このままでは家臣団《かしんだん》がふたつにわれるもと。また、このうわさが他国《たこく》にもれれば、甲斐《かい》をねらう豪族《ごうぞく》や大名《だいみょう》がよろこぶだけでしょう。どうか、武田家《たけだけ》のために、太郎《たろう》ぎみとのいざこざをおさめてくだされ。」

春巴《しゅんぱ》の懸命《けんめい》なとりなしを受《う》けて、太郎《たろう》をゆるしたのだった。

太郎《たろう》は、春巴《しゅんぱ》のおかげで信虎《のぶとら》の怒《いか》りをとかれたが、翌年《よくとし》、思《おも》いがけない悲《かな》しみに見《み》舞《ま》われることになった。政略結婚《せいりゃくけっこん》とはいえ、上杉朝興《うえすぎともおき》からむかえた正室《せいしつ》（夫人《ふじん》）が、めでたくみごもったものの、難産《なんざん》によって母子《ぼし》ともに死《し》んでしまったのである。

「こんなあわれなことがあってよいものか……。」

夫人《ふじん》と、これから生《う》まれてくるはずの子《こ》どもを同時《どうじ》にうしなった、14歳《さい》の太郎《たろう》の打《う》ちひしがれようは、ひと通《とお》りではなかった。

その悲《かな》しみがうすらいできた2年後《ねんご》の天文《てんぶん》5（1536）年《ねん》1月《がつ》17日《にち》のことである。16歳《さい》の太郎《たろう》は元服《げんぷく》して、晴信《はるのぶ》と名乗《なの》ることになった。

「信《しん》」は、武田家《たけだけ》をつぐ由緒《ゆいしょ》ある文字《もじ》だが、「晴《はれ》」の1字《じ》もすばらしいもので、足利《あしかが》12代将軍義晴《だいしょうぐんよしはる》の1字《じ》をたまわっていた。義晴《よしはる》はもともと、武田家《たけだけ》に目《め》をかけていた。権力《けんりょく》のおとろえた足利将軍家《あしかがしょうぐんけ》を助《たす》けて、天下《てんか》に号令《ごうれい》する大名《だいみょう》の一番手《いちばんて》は、武田家《たけだけ》であってほしいとねがっていた。

晴信《はるのぶ》と名《な》をあらためると同時《どうじ》に、晴信《はるのぶ》は「従五位下《じゅごいのげ》」という位《くらい》をもらい、「大膳大《だいぜんのだい》夫《ぶ》」の称号《しょうごう》を受《う》けた。

この間《かん》、甲斐《かい》は平和《へいわ》がたもたれていたのだろうか。けっしてそうではない。晴信《はるのぶ》が元服《げんぷく》するまえの年《とし》には、今川氏輝《いまがわうじてる》との同盟《どうめい》がほころびてしまった。今川軍《いまがわぐん》は駿河《するが》から甲斐《かい》の万沢口《まんざわぐち》に侵入《しんにゅう》してきた。信虎《のぶとら》は軍《ぐん》をひきいて、万沢口《まんざわぐち》ではげしい戦《たたか》いをくりひろげ、ついには今川軍《いまがわぐん》をやぶったが、この合戦《かっせん》のすきをついて、今川《いまがわ》と手《て》をむすんでいた北条《ほうじょう》が、甲斐《かい》にせめいってきた。

このときにものをいったのが、上杉家《うえすぎけ》との同盟《どうめい》である。北条《ほうじょう》が甲斐《かい》へ兵《へい》を送《おく》りだしたことを知《し》った扇谷上杉家《おうぎがやつうえすぎけ》の上杉朝興《うえすぎともおき》が、北条《ほうじょう》の本拠地《ほんきょち》である小田原《おだわら》へ出陣《しゅつじん》した。北条《ほう》は甲斐《かい》ぜめどころではない。小田原《おだわら》をとられては元《もと》も子《こ》もないから、すぐさま引《ひ》きあげた。朝興《ともおき》との同盟《どうめい》ができていなければ、甲斐《かい》はどうなっていたかわからない。

晴信《はるのぶ》が元服《げんぷく》した天文《てんぶん》5（1536）年《ねん》の春《はる》、今川家《いまがわけ》に変化《へんか》があった。今川氏輝《いまがわうじてる》が死《し》んだのである。今川家《いまがわけ》はだれが氏輝《うじてる》のあとをつぐかで、ごたごたしはじめた。

信虎《のぶとら》は、もっけの幸《さいわ》いとばかり、この内輪《うちわ》もめに介入《かいにゅう》して、氏輝《うじてる》の子《こ》、今川義元《いまがわよしもと》に味方《みかた》した。立場《たちば》の弱《よわ》かった義元《よしもと》は、信虎《のぶとら》の兵力《へいりょく》にあとおしされて、反対勢力《はんたいせいりょく》をおさえこむことに成功《せいこう》。守護大名《しゅごだいみょう》今川家《いまがわけ》の「お屋形《やかた》さま」におさまることができた。今川《いまがわ》は駿河《するが》と遠江《とおとうみ》のほか、三河《みかわ》をしたがえていた。

「まったく、信虎《のぶとら》どののおかげにござる。」

義元《よしもと》は信虎《のぶとら》に恩義《おんぎ》を感《かん》じた。信虎《のぶとら》にすれば、大《おお》きな貸《か》しをつくったことになる。

「ところで、晴信《はるのぶ》さまのご正室《せいしつ》は、亡《な》くなられたままでしたな。」

「いかにも、ふびんなことをいたしした。」

信虎《のぶとら》が肩《かた》を落《お》とすと、義元《よしもと》は恩返《おんがえ》しのひとつとして、

「晴信《はるのぶ》さまにご正室《せいしつ》をお世話《せわ》したい。」

と言《い》った。

「お心当《こころあ》たりでも？」

信虎《のぶとら》がたずねると、

「京《きょう》の三条権中納言公頼《さんじょうごんのちゅうなごんきんより》どのに、よい娘《むすめ》ごがおられる。おまかせあれ。気《き》むずかしい

かんしゃく持《も》ちの晴信《はるのぶ》どのも、いっぺんで気《き》に入《い》られよう。」

義元《よしもと》はさっそく、三条公頼《さんじょうきんより》に手紙《てがみ》を書《か》いて、この縁談《えんだん》をまとめあげた。――今川義《いまがわよし》元《もと》については、のちにふたたびふれなければならないが、大軍《たいぐん》をもって織田信長《おだのぶなが》をせめようと尾張《おわり》の国《くに》に侵入《しんにゅう》したにもかかわらず、桶狭間《おけはざま》で信長《のぶなが》の急襲《きゅうしゅう》を受《う》け、あえない最期《さいご》をとげる人物《じんぶつ》である。

今川義元《いまがわよしもと》のあっせんによって、晴信《はるのぶ》は元服《げんぷく》した年《とし》に、2度《ど》目《め》の結婚《けっこん》をした。満《まん》で数《かぞ》えれば15歳《さい》。いまの中学《ちゅうがく》3年生《ねんせい》であることを考《かんが》えれば、ここにも戦国時代《せんごくじだい》ならではの、こみいった事情《じじょう》がうかびあがってくる。

この年《とし》の秋《あき》もふけてから、信虎《のぶとら》は信濃《しなの》をせめることにした。甲斐《かい》を留守《るす》にしても、北条《ほうじょう》が動《うご》けば、今川義元《いまがわよしもと》がこれをおさえてくれるから、どんなにか、助《たす》かる。

「目指《めざ》すは南佐久《みなみさく》の海野口城《うんのぐちじょう》だ。晴信《はるのぶ》に初陣《ういじん》をゆるす。おくれをとるな。」

信虎《のぶとら》は晴信《はるのぶ》に、初《はつ》の出陣《しゅつじん》を言《い》いつけた。いよいよ初陣《ういじん》である。晴信《はるのぶ》は具足《ぐそく》（よろい）をつけ、かぶとの緒《お》を引《ひ》きしめた。父《ちち》の信虎《のぶとら》から、なにかにつけて「だめなやつ」と、うとまれている晴信《はるのぶ》にとって、初陣《ういじん》の働《はたら》きは重大《じゅうだい》な意味《いみ》をもっている。

（なんとしても、父上《ちちうえ》にあっぱれと言《い》わせるような手柄《てがら》を立《た》てたい──。）

晴信《はるのぶ》はひそかに、初陣《ういじん》にふさわしい働《はたら》きをあげなければと決心《けっしん》していた。それは単《たん》に、父《ちち》を見返《みかえ》すだけの目的《もくてき》ではない。家臣《かしん》たちからも、まわりの国々《くにぐに》の大名《だいみょう》たちからも、

「さすがは武田《たけだ》のあとつぎ。」

とたたえられる手柄《てがら》をあげたかった。

信虎《のぶとら》が8000の軍団《ぐんだん》をひきいて、府中《ふちゅう》をはなれたのは、11月《がつ》21日《にち》のことである。きびしい冬《ふゆ》がせまっていた。信虎《のぶとら》の軍団《ぐんだん》は甲斐《かい》を北《きた》にのぼって、八ケ岳《やつがたけ》の東《ひがし》のふもとにある海野口《うんのぐち》（現在《げんざい》の長野県南佐久郡南牧村《ながのけんみなみさくぐんみなみまきむら》にある海ノ口《うみのくち》）の城《しろ》におしよせた。軍団《ぐんだん》は海《うん》野口城《のぐちじょう》に加勢《かせい》に来《き》た平賀源心《ひらがげんしん》の手勢《てぜい》を城内《じょうない》に追《お》いつめて城《しろ》をとりかこんだが、城《しろ》はとても落《お》ちそうになかった。しかも大雪《おおゆき》でせめにくい。

「城内《じょうない》には3000の兵《へい》がいて、意気《いき》さかんです。むりおしにせめたのでは、味方《みかた》の

ぎせいをふやすだけ。ここはひとまず引《ひ》きあげて、雪《ゆき》のとける春《はる》に、あらためてせめなおしてはいかがでしょう。兵糧《ひょうろう》も底《そこ》をつきかけてきています。」

せめあぐんでいる信虎《のぶとら》に、武将《ぶしょう》たちが言《い》った。12月《がつ》もすでに26日《にち》になっている。将《しょう》兵《へい》たちも寒《さむ》さとひもじさで、士気《しき》があがらない。

「わかった。あすの朝《あさ》に陣《じん》をはらって、出直《でなお》しだ。」

信虎《のぶとら》が決断《けつだん》したとき、晴信《はるのぶ》が申《もう》しでた。

「しんがりをおおせつけください。」

隊《たい》のいちばん後《うし》ろについて、敵《てき》が追《お》ってきたら、これとたたかって本隊《ほんたい》の安全《あんぜん》をはかるのが、しんがりのつとめだった。信虎《のぶとら》は晴信《はるのぶ》の申《もう》し出《で》を聞《き》くと、

「敵《てき》が追撃《ついげき》に出《で》てくるおそれがあればべつだが、この雪《ゆき》でそのおそれはまったくない。なのに、しんがりにつきたいとは、不名誉《ふめいよ》なことではないか。もしもわしがおまえに、しんがりを言《い》いつけたなら、それは次郎信繁《じろうのぶしげ》におおせつけくださいというのが筋《すじ》というもの。信繁《のぶしげ》がおまえの立場《たちば》なら、けっしてこのような申《もう》し出《で》はいたさぬはず

だ。」

声《こえ》をあららげてしかりつけた。武田《たけだ》のあとつぎともあろうものが、追撃《ついげき》のおそれもないのにしんがりをのぞむというのは、ふがいなくもなげかわしい。しかし、晴信《はるのぶ》はいったん言《い》いだすとあとにさがらない。

「ぜひとも、しんがりをおおせつけください。」

と、頭《あたま》をさげた。

「それほどに言《い》うなら、おまえのすきなようにするがいい。」

信虎《のぶとら》は、はきすてるように言《い》った。

あくる27日《にち》の早朝《そうちょう》、信虎《のぶとら》は甲斐《かい》への引《ひ》き上《あ》げを開始《かいし》した。晴信《はるのぶ》は本隊《ほんたい》のしんがりをうけたまわって、いったん南佐久《みなみさく》をはなれたが、その日《ひ》の夜《よる》、300あまりの手勢《てぜい》とともに、本隊《ほんたい》とはなれたところに夜営《やえい》すると、

「あすの朝《あさ》は早《はや》いから、馬《うま》にはくらをつけたままにしておけ。」

と命《めい》じて、酒《さけ》をふるまった。飯《めし》も、ひとりあたり3人前《にんまえ》もたかせて、たらふく食《く》わせ

た。内衆《うちしゅ》とよばれる親《した》しい家来《けらい》たちも、これには首《くび》をひねった。敵《てき》が追撃《ついげき》してくる気《け》配《はい》がないのに、酒《さけ》や飯《めし》の大盤《おおばん》振《ぶ》る舞《ま》い。まるで、合戦《かっせん》にそなえるようなやり方《かた》だ。

「信虎《のぶとら》さまにしかられてばかりいるのも、むりないわい。いったい、晴信《はるのぶ》さまはうつけなのか、かしこいのか、わけがわからん……。」

部下《ぶか》たちはぶつぶつ言《い》いながら、ねむりについた。そして、28日《にち》の七《なな》つ刻《どき》（午前《ごぜん》4時《じ》）。晴信《はるのぶ》は部下《ぶか》たちをたたきおこした。

「ただちに出発《しゅっぱつ》する！」

まだ、夜《よ》も明《あ》けていないというのに、いまからどうしようというのだろう……。ねぼけまなこの手勢《てぜい》に、晴信《はるのぶ》はおどろくべきことをつげた。

「海野口《うんのぐち》へとってかえす。」

「ええっ！」

だれもが耳《みみ》をうたがってしまった。8000の兵《へい》が30日《にち》あまりかけても落《お》とせなかった海野口《うんのぐち》の城《しろ》を、わずか300の手勢《てぜい》でせめようというのである。

「むちゃだ……。死《し》ににいくようなものだ。」

だれもが思《おも》った。

「よく聞《き》け。海野口《うんのぐち》の敵《てき》は、武田《たけだ》の軍《ぐん》が引《ひ》きあげたことで、気《き》をゆるめている。おそらく昨日《きのう》などは、飲《の》めや歌《うた》えやの大《おお》さわぎをしたにちがいない。すぐに正月《しょうがつ》も来《く》るから、3000といわれる城内《じょうない》の兵《へい》も、いまはほとんど城《しろ》を出《で》て、家《いえ》に帰《かえ》っているはず。われらの手勢《てぜい》300で、じゅうぶんだ。行《ゆ》くぞ！」

晴信《はるのぶ》は馬上《ばじょう》から言《い》った。内衆《うちしゅ》たちもこれを聞《き》いて、晴信《はるのぶ》がなぜ信虎《のぶとら》のあざけりを受《う》けながらも、しんがりを強《つよ》くのぞんだのか、はじめて、そのわけを納得《なっとく》した。「敵《てき》をあざむくには、まず味方《みかた》から。」というが、晴信《はるのぶ》は味方《みかた》さえもあっといわせる奇策《きさく》を温《あたた》めていたのである。

晴信《はるのぶ》の軍《ぐん》はあかつきをついて、海野口《うんのぐち》を急襲《きゅうしゅう》した。晴信《はるのぶ》の予想《よそう》したとおり、城内《じょうない》の兵《へい》は少数《しょうすう》で、そのうえ油断《ゆだん》しきっていた。無双《むそう》の強力《ごうりき》とうたわれた平賀源心《ひらがげんしん》も、ついには討《う》ちとられた。

晴信《はるのぶ》は源心《げんしん》の首《くび》をみやげに、府中《ふちゅう》へがいせんしたが、

「せっかくとった城《しろ》をそのままにすててくるとは、もったいないことよ。逆襲《ぎゃくしゅう》されることをおそれてのことであろう。また、勝《か》てたのは時《とき》の運《うん》。いくらも兵《へい》のいない城《しろ》にせめいって勝《か》ったとて、手柄顔《てがらがお》はさせぬぞ。」

信虎《のぶとら》は初陣《ういじん》の手柄《てがら》にけちをつけた。家臣《かしん》たちは、晴信《はるのぶ》のすばらしい手柄《てがら》に目《め》をみはりながらも、晴信《はるのぶ》をきらう信虎《のぶとら》の手前《てまえ》をつくろって、ほめたたえることができなかった。

「信濃《しなの》を本格的《ほんかくてき》にせめるには、今川《いまがわ》との同盟《どうめい》をもっと強《つよ》めねばなるまい。」

信虎《のぶとら》は南佐久《みなみさく》から引《ひ》きあげてまもない、天文《てんぶん》6（1537）年《ねん》の2月《がつ》に、長女《ちょうじょ》を今《いま》川義元《がわよしもと》の正室《せいしつ》としてとつがせた。これによって信虎《のぶとら》と義元《よしもと》は、義理《ぎり》の父《ちち》と子《こ》。これほどたしかな同盟《どうめい》はない。今川家《いまがわけ》にとっても、北条《ほうじょう》への対抗上《たいこうじょう》、武田家《たけだけ》との同盟《どうめい》がのぞまれていた。

この同盟《どうめい》の力《ちから》は、すぐにあらわれた。婚礼《こんれい》の祝《いわ》い酒《ざけ》がさめやらないうちに、北条氏《ほうじょううじ》

綱《つな》が今川《いまがわ》の領地《りょうち》、駿河《するが》にせめてきたのだが、信虎《のぶとら》がすぐさま援軍《えんぐん》を送《おく》ったため、駿河《するが》はことなきを得《え》たのだった。

父《ちち》を追放《ついほう》

天文《てんぶん》7（1538）年《ねん》の1月《がつ》のことである。つつじケ崎《がさき》の館《やかた》では、新年《しんねん》をことほぐ祝《いわ》いの席《せき》が始《はじ》まろうとしていた。

晴信《はるのぶ》はえぼしにひたたれの正装《せいそう》で、祝《いわ》いの席《せき》にのぞんだ。琴《こと》の音《ね》がひびいていて、この日《ひ》ばかりはいかめしい武将《ぶしょう》たちも、にこやかに談笑《だんしょう》していた。父信虎《ちちのぶとら》との間《あいだ》に、わだかまりのある晴信《はるのぶ》も、すがすがしいおももちで武将《ぶしょう》たちに声《こえ》をかけた。

大広間《おおひろま》の中央《ちゅうおう》には、信虎《のぶとら》がどっかりとあぐらをかいて、家臣《かしん》たちのあいさつを受《う》けていた。ほどなく、信虎《のぶとら》のもとに酒《さけ》が運《はこ》ばれてきた。

「どれ、さかずきをとらすか。」

信虎《のぶとら》はおもむろに言《い》って、いならぶ家臣《かしん》を見《み》まわした。さかずきの順《じゅん》はしきたりで、わが子《こ》からと決《き》まっている。それも、長男《ちょうなん》の晴信《はるのぶ》に始《はじ》まり、次男《じなん》の信繁《のぶしげ》、三男《なん》の信廉《のぶかど》とつづいて、次《つぎ》に上位《じょうい》の家臣団《かしんだん》へとまわされるのだった。

晴信《はるのぶ》はいつもの年《とし》のように、最初《さいしょ》のさかずきを受《う》ける心《こころ》づもりをしたが、

「次郎信繁《じろうのぶしげ》、おまえからだ。一番《ばん》さかずきをとれ。」

信虎《のぶとら》はなにを思《おも》ったのか、いきなり信繁《のぶしげ》を指名《しめい》した。晴信《はるのぶ》は耳《みみ》をうたがった。

（まさか……。）

だが、聞《き》きちがいではない。席《せき》がざわめいた。家臣《かしん》たちは顔《かお》を見合《みあ》わせた。みな、「まさか」といった顔《かお》だった。信虎《のぶとら》の夫人《ふじん》はもちろんのこと、言《い》われた信繁《のぶしげ》もあっけにとられてしまっていた。信繁《のぶしげ》は父信虎《ちちのぶとら》に、目《め》でうったえた。

（父上《ちちうえ》、なにかのおまちがいではありませんか。一番《ばん》さかずきは、武田家《たけだけ》のあとをついでいく、兄上《あにうえ》からと決《き》まっていることではありませんか。父上《ちちうえ》はよもや、兄上《あにうえ》をさしおいて、弟《おとうと》のわたしをあとつぎにしようとでも思《おも》われているのでしょうか。それ

は、筋道《すじみち》がちがいます。)

信繁《のぶしげ》は懸命《けんめい》に目《め》でうったえたが、信虎《のぶとら》はおかまいなしだった。

「なにをきょとんとしておる。わしの言《い》ったことが聞《き》こえなかったなら、もう一度《いちど》言《い》う。一番《ばん》さかずきをとれ。」

信繁《のぶしげ》はしかたなく、信虎《のぶとら》の前《まえ》に進《すす》みでて、一番《ばん》さかずきを受《う》けた。

晴信《はるのぶ》は人間《にんげん》が大《おお》きい。初陣《ういじん》の手柄《てがら》を父《ちち》にくさされても、気《き》にかけなかった。だが、さすがの晴信《はるのぶ》も、今度《こんど》ばかりはおだやかでいられなかった。正月《しょうがつ》の一番《ばん》さかずきは、武田家《たけだけ》のあるじが家臣《かしん》の前《まえ》に、家督《かとく》をだれに引《ひ》きつがせるかをおおやけにする印《しるし》である。

(父上《ちちうえ》は、信繁《のぶしげ》をあとつぎにすることを、明《あき》らかにされたも同《おな》じ。わたしとちがって、弟《おとうと》は小《ちい》さいときから父上《ちちうえ》にかわいがられてきたが、しきたりをやぶって、わたしをあとつぎからしりぞけるとは、そのお気持《きも》ちがわからん。いったい、父上《ちちうえ》はなにを考《かんが》えておられるのだ。正月《しょうがつ》のざれごと《ふざけたふるまい》とわかれば、わらいすごせるが、そうとも思《おも》えん……。)

晴信《はるのぶ》はしゃくぜんとしないまま、館《やかた》をさがった。

父信虎《ちちのぶとら》は、常識《じょうしき》ではかれる人物《じんぶつ》ではない。人《ひと》がよもやと思《おも》うようなことを、平気《へいき》でやってのける男《おとこ》である。そのために、家臣《かしん》や、領民《りょうみん》からおそれられていた。はっきりいえば、へびや、さそりのようにきらわれていた。

(父上《ちちうえ》、気《き》はたしかなのですか!)

今度《こんど》のことは、晴信《はるのぶ》がそうさけびたくなるほどむちゃくちゃだった。晴信《はるのぶ》が甲斐一国《かいいっこく》をつかさどる武将《ぶしょう》として、どうにもいくさがへただとか、体《からだ》も弱《よわ》く、知恵《ちえ》にもおとるというなら、弟《おとうと》の信繁《のぶしげ》があとつぎになってもいい。それなら家臣《かしん》も、晴信《はるのぶ》も納得《なっとく》がいく。

しかし、晴信《はるのぶ》は海野口《うんのぐち》での働《はたら》きのとおり、信虎《のぶとら》が8000の兵《へい》でひと月《つき》かかっても落《お》とせなかった城《しろ》を、わずか1日《にち》でとったではないか——。

「なのに、次郎信繁《じろうのぶしげ》をあとつぎにすると決《き》められたのは、どうにも納得《なっとく》がいかない。がまんにも、かぎりがある。父上《ちちうえ》がそれほど信繁《のぶしげ》をかわいがるなら、武田家《たけだけ》は信繁《のぶしげ》にくれてやろう。」

晴信《はるのぶ》は、寺《てら》にこもって禅《ぜん》を学《まな》んだり、屋敷《やしき》にこもって、詩《し》や歌《うた》をよむことに明《あ》けくれるようになった。信虎《のぶとら》のよびだしがあっても、晴信《はるのぶ》は知《し》らんふりで、

「戦《たたか》い、戦《たたか》いで身《み》をすりへらすより、仏門《ぶつもん》に入《はい》るか、歌《うた》よみになったほうが、どれほどかましだ。」

と、世《よ》すてびとのようにくらしていた。

「あのひねくれ者《もの》めが！」

信虎《のぶとら》は怒《おこ》った。晴信《はるのぶ》のまっすぐな心《こころ》を傷《きず》つけておきながら、悪《わる》いのは晴信《はるのぶ》だと決《き》めつけて、

「あんなやつは、わしの子《こ》ではない！」

と、ののしったりもした。

だが、晴信《はるのぶ》はそのあいだに、今川義元《いまがわよしもと》のもとへたびたび手紙《てがみ》を出《だ》して、あすの甲斐《かい》のことを考《かんが》えていた。

「父《ちち》は次郎信繁《じろうのぶしげ》をあとつぎに立《た》て、わたしを追放《ついほう》しようとしているようです。そのときにわたしがたよれますのは、義元《よしもと》さまのところだけです。」

その義元《よしもと》は、信虎《のぶとら》をおそれていた。信虎《のぶとら》は長女《ちょうじょ》を義元《よしもと》にとつがせている。義元《よしもと》にすれば信虎《のぶとら》は義理《ぎり》の父《ちち》。それに、自分《じぶん》が、お屋形《やかた》の座《ざ》につくにあたって、信虎《のぶとら》の助力《じょりょく》をあおいでいた。義理《ぎり》の父《ちち》と子《こ》になったものの、このまま信虎《のぶとら》が勢力《せいりょく》をのばしてくれば、今川《いまがわ》の領地《りょうち》をうばわれるおそれさえあった。しかし、晴信《はるのぶ》に力《ちから》をかして味方《みかた》につければ、ようすがかわってくる。

そこで義元《よしもと》は晴信《はるのぶ》に、

「いつでも力《ちから》になるから、なんなりと相談《そうだん》してくれ。」

と、返事《へんじ》を書《か》いていた。詩《し》や歌《うた》をよみ、いざとなれば坊《ぼう》さんになると思《おも》わせながらも、晴信《はるのぶ》はしたたかに、将来《しょうらい》の自分《じぶん》を考《かんが》えていたのである。それを知《し》っているのは、家来《けらい》のなかでも、ほんとうに信用《しんよう》のできる板垣信方《いたがきのぶかた》という、年老《としお》いた重臣《じゅうしん》くらいなものので、信虎《のぶとら》もまったく気《き》づいてなかった。

信虎《のぶとら》はあいかわらず、信濃《しなの》の佐久地方《さくちほう》に兵《へい》をくりだしては、領土《りょうど》を広《ひろ》げようとしていた。信濃《しなの》を領地《りょうち》にすれば、北条《ほうじょう》や今川《いまがわ》に引《ひ》けをとらない勢力《せいりょく》を確保《かくほ》できる。信虎《のぶとら》にとって都合《つごう》のよいことに、信濃《しなの》には一国《いっこく》をつかさどる実力者《じつりょくしゃ》がいなかった。豪族《ごうぞく》たちがたがいにせめぎあっているため、いつでもらくらく侵入《しんにゅう》できた。

信虎《のぶとら》の領土拡大《りょうどかくだい》の野望《やぼう》はとどまることを知《し》らなかった。しかし、東海道《とうかいどう》には強敵《きょうてき》がひしめいている。

三河《みかわ》、尾張《おわり》、美濃《みの》に進出《しんしゅつ》しようとするのは、なみたいていのことではない。だが、コースはもうひとつある。北《きた》の日本海方面《にほんかいほうめん》を目指《めざ》すのである。

「信濃《しなの》をとれば、あとは越後《えちご》（現在《げんざい》の新潟県《にいがたけん》）だけだ。」

日本海《にほんかい》はぐっと近《ちか》くなる。

けれど、その越後《えちご》には強敵《きょうてき》がいた。守護大名《しゅごだいみょう》、長尾為景《ながおためかげ》（のちの上杉謙信《うえすぎけんしん》の父《ちち》）である。武田《たけだ》の勢力《せいりょく》が信濃《しなの》へ広《ひろ》がれば、越後《えちご》がおびやかされる。長尾為景《ながおためかげ》がだまっていない。つまり、信虎《のぶとら》が日本海《にほんかい》を目指《めざ》すかぎり、いずれ、越後勢《えちごぜい》とのぶつかり合《あ》いはさけられない運命《うんめい》にあった。それはしばらくおくとしよう。信虎《のぶとら》はまず、信濃《しなの》を切《き》りとって支配下《しはいか》におき、日本海《にほんかい》への道《みち》を開《ひら》く足《あし》がかりとしたかった。

正月《しょうがつ》の祝《いわ》いの席《せき》で、信虎《のぶとら》から一番《ばん》さかずきを受《う》けられなかった晴信《はるのぶ》は、複雑《ふくざつ》な思《おも》いを胸《むね》にいだいていたが、板垣信方《いたがきのぶかた》のすすめもあって、出陣《しゅつじん》は重《かさ》ねていた。そのつど、めざましい働《はたら》きをあげる晴信《はるのぶ》に、

「さすが、わしゆずりのいくさ上手《じょうず》。」

信虎《のぶとら》はこのときばかりはごきげんで、晴信《はるのぶ》をほめた。だが、晴信《はるのぶ》はうれしくなかった。甲斐《かい》には、災害《さいがい》がつづいていた。地震《じしん》、大風《おおかぜ》、大雨《おおあめ》、洪水《こうずい》、えき病《びょう》……。飢《う》えて死《し》んでいく者《もの》があとをたたない。領民《りょうみん》はつかれきっていた。信虎《のぶとら》はその領民《りょうみん》をいくさにかりたてていた。農民《のうみん》を兵《へい》として、遠征《えんせい》につれていくのである。

晴信《はるのぶ》にも、信濃《しなの》へ領地《りょうち》を広《ひろ》げることがどれほど大事《だいじ》かわかっていた。甲斐《かい》は、まわ

りを強敵《きょうてき》に囲《かこ》まれている。

「しかし、民《たみ》、百姓《ひゃくしょう》のくらしも考《かんが》えねば、国《くに》がなりたっていかなくなる。民《たみ》、百姓《ひゃくしょう》は国《くに》の土台《どだい》。それをないがしろにしたのでは、ほんとうに強《つよ》い国《くに》とはいえないし、人《ひと》の心《こころ》もはなれていく……。」

晴信《はるのぶ》は領民《りょうみん》をかえりみない父《ちち》のむちゃなやり方《かた》に、まゆをくもらせていた。

「さかずき事件《じけん》」のあった年《とし》は、天候《てんこう》にめぐまれて、まずまずの作《さく》がらだったが、12月《がつ》の大雨《おおあめ》で笛吹川《ふえふきがわ》や釜無川《かまなしがわ》がはんらん。甲府盆地《こうふぼんち》は水《みず》びたしになってしまった。

次《つぎ》の年《とし》も、5〜6月《がつ》の大雨《おおあめ》で洪水《こうずい》。8月《がつ》は台風《たいふう》で、とり入《い》れまえの稲《いね》に大《おお》きな被害《ひがい》があった。天文《てんぶん》9(1540)年《ねん》には、信虎《のぶとら》は信濃《しなの》の佐久地方《さくちほう》にせめいって、1日《にち》に36もの城《しろ》を落《お》とすといったはなれわざをやってのけた。その城《しろ》を守《まも》るため、農民兵《のうみんへい》をおいたのであるが、ここからがうまくいかなくなってきた。

「とり入《い》れはどうなるだ。村《むら》に帰《かえ》してもらいてえ。わしらが野良仕事《のらしごと》をしなかったら、来年《らいねん》の食《く》いものはどうするだ。」

農民兵《のうみんへい》たちの不満《ふまん》がつのっていったのである。

天文《てんぶん》10（1541）年《ねん》、晴信《はるのぶ》は21歳《さい》になっていた。この春《はる》、甲斐《かい》はひどいありさまだった。人《ひと》も馬《うま》も、おびただしく死《し》んだ。100年《ねん》に一度《いちど》、あるかないかというききんにおそわれたにもかかわらず、

「佐久《さく》はもう、すっかり平定《へいてい》した。今度《こんど》は小県《ちいさがた》へ軍《ぐん》を進《すす》める。」

信虎《のぶとら》は出陣《しゅつじん》を決《き》めた。晴信《はるのぶ》は気《き》が進《すす》まなかった。国外《こくがい》への遠征《えんせい》より、国内《こくない》のあれた田畑《たはた》の手入《てい》れをして、立《た》て直《なお》しをはかるべきではないか。晴信《はるのぶ》がそれを進言《しんげん》したところで、

「なるほど、そのとおりだ。」

と、素直《すなお》に聞《き》きいれるような信虎《のぶとら》ではない。

晴信《はるのぶ》が小県《ちいさがた》への出陣《しゅつじん》を前《まえ》に思《おも》いなやんでいると、ある晩《ばん》、板垣信方《いたがきのぶかた》がやってきた。ようすがただならない。

「どうした、じい？　ずいぶんと思《おも》いつめた顔《かお》をしているではないか。」

晴信《はるのぶ》はくつろいだ調子《ちょうし》で言《い》ったが、来《く》るべきときが来《き》たな、と直感《ちょっかん》した。

「若殿《わかとの》、このままでは甲斐《かい》の国《くに》がほろびてしまいます。」

「ほう、それはおおごとだな。ほろびてはこまる。国《くに》をすくう、よい方法《ほうほう》でもあるというのか？」

「ございます。」

信方《のぶかた》は、きっぱりと言《い》いきった。

「あるなら、ためらうことなく実行《じっこう》しようではないか。方法《ほうほう》とやらを聞《き》こう。」

「若殿《わかとの》、じいは命《いのち》がけでございます。真面目《まじめ》に聞《き》いてくだされ。これから申《もう》しあげることをお聞《き》きとどけいただけないときには、この場《ば》にてはらかっさばかねばなりません。」

「じいのはらなど、どうでもよい。国《くに》をすくう方法《ほうほう》とやらを、ずばり言《い》ってみるがいい。」

「若殿《わかとの》が、お屋形《やかた》さまになられることです。」

信方《のぶかた》は単刀直入《たんとうちょくにゅう》に言《い》ってのけた。めったなことではおどろかない晴信《はるのぶ》だったが、信方《のぶかた》の言葉《ことば》にはぎくっとした。

「やはり、それしかないか。」

「ございません。民《たみ》、百姓《ひゃくしょう》の気持《きも》ちは、信虎《のぶとら》さまからはなれてしまっています。国人《こくじん》たちの不満《ふまん》も、日《ひ》に日《ひ》にふくらむばかり。信虎《のぶとら》さまを国外《こくがい》に追放《ついほう》して、若殿《わかとの》が甲斐《かい》のあるじにおさまらないことには、どうにもならないところにきています。」

信方《のぶかた》は懸命《けんめい》にうったえた。信虎《のぶとら》は家臣《かしん》からも見《み》はなされていたのである。

「じいひとりの意見《いけん》か？」

「甲斐《かい》のこれからを思《おも》う、心《こころ》ある者《もの》たちがのぞんでいることです。ぜひにも、若殿《わかとの》のお考《かんが》えをお聞《き》かせください。」

「じつはな、じい。わしも、じいと同《おな》じことを考《かんが》えていた。父上《ちちうえ》は甲斐《かい》をここまでまとめあげたが、おそろしいことに、その手《て》で甲斐《かい》をほろぼそうとしていることに気《き》づかないでいる。じい、よくぞ言《い》ってくれた。わしは、じいが言《い》いだしてくれるのを待《ま》っていたのだ。」

信虎《のぶとら》をいつ、どんな方法《ほうほう》で追放《ついほう》するか、晴信《はるのぶ》と信方《のぶかた》は、計画《けいかく》を綿密《めんみつ》に練《ね》った。信虎《のぶとら》にもれるようなことがあったら、ただではすまない。晴信《はるのぶ》はこの重大《じゅうだい》な計画《けいかく》をさとられないようにふるまった。

この年《とし》、5月《がつ》。

信虎《のぶとら》は晴信《はるのぶ》をともなって信濃《しなの》の小県郡《ちいさがたぐん》にせめいった。北東《ほくとう》に噴煙《ふんえん》をたなびかせる浅間山《あさまやま》をのぞむこの一帯《いったい》は、海野棟綱《うんのむねつな》や禰津元直《ねづもとなお》の領地《りょうち》である。信虎《のぶとら》は晴信《はるのぶ》らの働《はたら》きで、またたくまに海野《うんの》や禰津《ねづ》の城《しろ》を落《お》としいれ、6月《がつ》にめでたく甲斐《かい》へもどった。

「父上《ちちうえ》も合戦《かっせん》に次《つ》ぐ合戦《かっせん》で、体《からだ》を休《やす》めるおひまがなく、おつかれがたまっておりましょう。このあたりでしばし、今川《いまがわ》のむこどののもとに行《い》かれて、天下《てんか》の形勢《けいせい》など語《かた》りあわれてはいかがでしょう。」

晴信《はるのぶ》はさりげなくすすめた。

「おう、それはよい考《かんが》えだ。わしも四十八。肩《かた》などがこるようになった。娘《むすめ》や孫《まご》やむことのと会《あ》って、骨休《ほねやす》めをしてこよう。」

信虎《のぶとら》は、駿河《するが》の今川義元《いまがわよしもと》のところへ、休養《きゅうよう》に出《で》かけることになった。その義元《よしもと》と、わが子晴信《こはるのぶ》の間《あいだ》に、おそるべき秘密《ひみつ》の約束《やくそく》がかわされていようなどと、信虎《のぶとら》はつゆほども知《し》らなかった。それどころか信虎《のぶとら》は、晴信《はるのぶ》を義元《よしもと》にあずける相談《そうだん》もすませてくるつもりだった。

信虎《のぶとら》は警固《けいご》の一隊《たい》に守《まも》られ、気持《きも》ちよく輿《こし》にゆられていた。6月《がつ》14日《か》のことである。甲斐《かい》と駿河《するが》をつなぐ河内路《かわうちじ》を行《い》くと、やがて国《くに》ざかいに出《で》た。国《くに》ざかいには義元《よしもと》の家来《けらい》が信虎《のぶとら》をむかえにきていた。

信虎《のぶとら》の警固《けいご》の一隊《たい》は、義元《よしもと》の家来《けらい》に信虎《のぶとら》を引《ひ》きわたすと、ただちに国《くに》ざかいの道《みち》をさくでふさいでしまった。

「な、なにをするのだ!」

信虎《のぶとら》がとがめると、警固《けいご》の隊長《たいちょう》が言《い》った。

「すべて、晴信《はるのぶ》さまのご命令《めいれい》です。本日《ほんじつ》より、甲斐《かい》のお屋形《やかた》さまは、晴信《はるのぶ》さま。信虎《のぶとら》

さまは今川家《いまがわけ》にて、ご隠居《いんきょ》いただくようにとのこと。以後《いご》、甲斐《かい》へのご帰国《きこく》はおあきらめください。」

「晴信《はるのぶ》の指図《さしず》だと！　晴信《はるのぶ》め、くるったか！　甲斐《かい》の守護《しゅご》はこのわしだぞ！」

信虎《のぶとら》の声《こえ》は、むなしくひびいた。

2 新《あたら》しい国《くに》づくり

甲《か》斐《い》のあるじ

晴信《はるのぶ》はつつじケ崎《がさき》の館《やかた》に、おもだった家臣《かしん》を集《あつ》めると、

「今日《きょう》より、この晴信《はるのぶ》が甲斐《かい》のあるじをつとめる。父《ちち》、信虎《のぶとら》はもはや、駿河《するが》の人《ひと》になられ、今川義元《いまがわよしもと》どのに保護《ほご》される身《み》。どのようなことがあっても、二度《にど》とふたたび甲《か》斐《い》の土《つち》はふませないつもりだ。」

力強《ちからづよ》く宣言《せんげん》した。晴信《はるのぶ》のわきには、弟《おとうと》の信繁《のぶしげ》がひかえている。家臣《かしん》たちには、寝《ね》耳《みみ》に水《みず》のおどろきだった。ほとんどの家臣《かしん》は、信虎《のぶとら》が駿河《するが》へ向《む》かったことさえ知《し》らなかった。

「信虎《のぶとら》の追放劇《ついほうげき》」は、それほど用心深《ようじんぶか》く、たくみに行《おこな》われたのだった。

「父《ちち》を追放《ついほう》したのは、父《ちち》があまりにもいくさにばかり気持《きも》ちをかたむけ、国内《こくない》の政治《せいじ》をないがしろにしたからだ。あいつぐ災害《さいがい》に苦《くる》しむ民《たみ》、百姓《ひゃくしょう》から、なさけようしゃなく重《おも》い税《ぜい》をとりたて、おさめられない者《もの》がいれば、見《み》せしめのため牢《ろう》に入《い》れたりもした。そのうえ、いくさのたびに、働《はたら》きざかりの男《おとこ》たちをかりだしてきた。民《たみ》、百姓《ひゃくしょう》はつかれきっている。みだれた政治《せいじ》を正《ただ》し、苦《くる》しみあえぐ民衆《みんしゅう》をすくわねば、甲斐《かい》はほろびてしまう。そのため、やむにやまれず、追放《ついほう》を決行《けっこう》したのだ。」

信虎《のぶとら》を追放《ついほう》したということは、信虎《のぶとら》の悪政《あくせい》の追放《ついほう》にほかならなかった。信虎《のぶとら》が国内《こくない》の民《たみ》のくらしを心配《しんぱい》する心《こころ》の持《も》ち主《ぬし》であれば、追放《ついほう》はさけられたはずである。

「わたしはまだ二十一の若輩《じゃくはい》。国《くに》をよくするため、さまざまなことをやっていきたいが、気《き》がつかないことも多《おお》い。みな、遠慮《えんりょ》せずに知恵《ちえ》を出《だ》してもらいたい。また、わたしが甲斐《かい》のあるじにふさわしくない行《おこな》いをするようなことがあったら、どしどし意見《いけん》をしてほしい。甲斐《かい》は、これよりあらたに生《う》まれかわるのだ。力《ちから》を合《あ》わせて、甲斐《かい》をよい国《くに》にしていこう。」

なにもかもひとり決《ぎ》めの政治《せいじ》をしてきた信虎《のぶとら》とは、たいへんなちがいだった。家臣《かしん》のなかには、なみだをぬぐう者《もの》たちもいた。

晴信《はるのぶ》は、自分《じぶん》が父《ちち》に代《か》わって甲斐《かい》の国《くに》をおさめることを、領民《りょうみん》たちに知《し》らせるふれを出《だ》すと同時《どうじ》に、信虎《のぶとら》の怒《いか》りを買《か》って国外《こくがい》に追放《ついほう》されていた家臣《かしん》をよびもどした。

「晴信《はるのぶ》さまなら、甲斐《かい》をりっぱに立《た》てなおされよう。」

「たいそう、人《ひと》の心《こころ》のわかるお方《かた》だもの、くらしやすくしてくださるにちがいないて。」

領民《りょうみん》たちはよろこんだ。暗闇《くらやみ》のくらしに、明《あか》るい日《ひ》ざしがさしこんできたようなものだった。当時《とうじ》のことをつたえる記録《きろく》に、

——この年《とし》の6月《がつ》14日《か》に、武田晴信《たけだはるのぶ》さまは親《おや》の信虎《のぶとら》を駿河《するが》の国《くに》へおしこめました。信虎《のぶとら》のあまりの悪行《あくぎょう》を見《み》かねてのことです。ですから地下《じげ》（民衆《みんしゅう》）も、さむらいも、僧侶《そうりょ》たちも、ともによろこんで、かぎりなく満足《まんぞく》しています。

と、書《か》かれていることからも、信虎《のぶとら》のきらわれぶりや、それに代《か》わって登場《とうじょう》した、新領主晴信《しんりょうしゅはるのぶ》の人気《にんき》のほどがうかがえるだろう。

晴信《はるのぶ》は父《ちち》の路線《ろせん》をついで、信濃《しなの》に領地《りょうち》を広《ひろ》げる戦争《せんそう》をつづけるつもりでいたが、1年《ねん》はがまんすることにした。

父《ちち》と交代《こうたい》しても、すぐに戦争《せんそう》では、領民《りょうみん》が自分《じぶん》によせている期待《きたい》をうらぎることになってしまう。また、農民兵《のうみんへい》を戦場《せんじょう》にかりだされる国人《こくじん》たちの反感《はんかん》を買《か》うことにもなる。いくさを1年休《ねんやす》むだけで、晴信《はるのぶ》は家臣《かしん》や民衆《みんしゅう》の心《こころ》をつかんだ。あれはてた田畑《たはた》も、見《み》ちがえるようになった。

晴信《はるのぶ》の人気《にんき》をさらに高《たか》めたのは、家柄《いえがら》や身分《みぶん》にとらわれることなく、才能《さいのう》のあるものを家臣《かしん》にとりたてていくことだった。

たとえば、春日源五郎《かすがげんごろう》（のちの高坂昌信《こうさかまさのぶ》・弾正《だんじょう》）は、石和《いさわ》の農民《のうみん》の子《こ》どもだったが、おさないころからきわめてかしこい子《こ》だった。

晴信《はるのぶ》が源五郎《げんごろう》に目《め》をかけて小姓《こしょう》にばってきしなかったら、源五郎《げんごろう》の遺記《いき》もなく、武田家《たけだけ》の歴史《れきし》や晴信《はるのぶ》の人《ひと》となりや、甲州流《こうしゅうりゅう》の軍学《ぐんがく》をいまにつたえる『甲陽軍鑑《こうようぐんかん》』［1］の名著《めいちょ》は生《う》まれていなかったろう。

「甲斐《かい》の立《た》て直《なお》しについて、みなの考《かんが》えを聞《き》きたい。」

晴信《はるのぶ》は、よく会議《かいぎ》を開《ひら》いた。会議《かいぎ》のメンバーは、ご親類衆《しんるいしゅう》とよばれる武田《たけだ》の親族《しんぞく》や、武田家《たけだけ》に代々仕《だいだいつか》える重臣《じゅうしん》のご譜代家老衆《ふだいかろうしゅう》が中心《ちゅうしん》だったが、足軽大将《あしがるたいしょう》や役人《やくにん》を交《まじ》えることもあった。信虎《のぶとら》の時代《じだい》には、考《かんが》えられなかったことである。

「領民《りょうみん》のくらしを守《まも》ることこそ、立《た》て直《なお》しの第一歩《だいいっぽ》です。さしあたって、税《ぜい》をゆるめられますよう、おとりはからいください。」

［1］武田信玄《たけだしんげん》（晴信《はるのぶ》）と、息子《むすこ》・勝頼《かつより》のいくさについて記《しる》した書物《しょもつ》。信玄《しんげん》の国《くに》のおさめ方《かた》や刑法《けいほう》などについても記《しる》されている。高坂昌信《こうさかまさのぶ》（春日源五郎《かすがげんごろう》）の遺記《いき》をもとに、江戸時代《えどじだい》初期《しょき》に書《か》かれたといわれる。

菩薩

「わかった。それは奉行《ぶぎょう》に申《もう》しつたえる。しかし、税《ぜい》をゆるやかにしても、国《くに》は豊《ゆた》かになるまい。一時《いちじ》しのぎにすぎん。国《くに》の立《た》て直《なお》しは、米《こめ》や麦《むぎ》をもっとしっかりたくさんとれるようにすることにかかっている。国《くに》を豊《ゆた》かにするのは、農民《のうみん》しだいだ。農民《のうみん》のくらしが安定《あんてい》してこそ、兵《へい》も馬《うま》もやしなわれる。農民《のうみん》は国《くに》の土台《どだい》。その土台《どだい》づくりにかかろうではないか。100年《ねん》、200年先《ねんさき》のことまで考《かんが》えて、川《かわ》をおさめたい。」

晴信《はるのぶ》は国中《くになか》とよばれる甲府盆地《こうふぼんち》をえがいた地図《ちず》を広《ひろ》げさせた。

甲斐《かい》の名《な》は、「山《やま》の峡《かい》(谷《たに》)」にちなんでつけられたといわれるほど、山《やま》また山《やま》に囲《かこ》まれている。甲府盆地《こうふぼんち》は昔《むかし》から水害《すいがい》になやまされてきた。釜無川《かまなしがわ》、笛吹川《ふえふきがわ》、荒川《あらかわ》などが合流《ごうりゅう》しているからだ。

「とくに水害《すいがい》のひどいのは、釜無川《かまなしがわ》と御勅使川《みだいがわ》が合流《ごうりゅう》するこのあたり。いったん堤《つつみ》がやぶれると、盆地全体《ぼんちぜんたい》が水《みず》びたしとなる。」

合流点《ごうりゅうてん》は盆地《ぼんち》の西部《せいぶ》にあった。釜無川《かまなしがわ》は甲斐駒ケ岳《かいこまがたけ》にみなもとをもつ急流《きゅうりゅう》で、大武《おおむ》川《かわ》、塩川《しおかわ》などと合流《ごうりゅう》しながら甲府盆地《こうふぼんち》に入《はい》って、さらに御勅使川《みだいがわ》・笛吹川《ふえふきがわ》と合流《ごうりゅう》。富《ふ》士川《じかわ》と名《な》をかえて駿河湾《するがわん》へと注《そそ》ぎこむあばれ川《がわ》だった。

御勅使川《みだいがわ》のほうは、甲府盆地《こうふぼんち》の西《にし》に源流《げんりゅう》をもって、八田村《はったむら》で釜無川《かまなしがわ》に合流《ごうりゅう》している。ふだんは水《みず》が少《すく》ないが、大雨《おおあめ》がふるとたちまちはんらんすることでおそれられ、御勅使川《みだいがわ》のいわれは、「みだれ川《がわ》」からきているとも、「水出川《みでいがわ》」からきているともいう。

水害《すいがい》がくりかえされても、農民《のうみん》はこの盆地《ぼんち》にしがみついていた。うつりかわりたくても、たがやせる土地《とち》がとぼしいからだった。

甲斐《かい》でもっとも穀物《こくもつ》のとれる盆地《ぼんち》が、つねに水害《すいがい》におびやかされ、被害《ひがい》を受《う》けている。ここが甲斐《かい》の泣《な》きどころだった。だが、これをふせげば、農民《のうみん》も安心《あんしん》して仕事《しごと》ができ、たくさんの新田《しんでん》も開《ひら》け、年貢《ねんぐ》もふえる。

甲斐《かい》の支配者《しはいしゃ》は、領民《りょうみん》をおさめるよりも、川《かわ》をおさめることがなによりも大切《たいせつ》だった。水害《すいがい》をおさめれば、おのずと国《くに》が豊《ゆた》かになって、政治《せいじ》もうまくいく。

「工事《こうじ》はまず、八田村《はったむら》の六科《むじな》の西《にし》で、御勅使川《みだいがわ》の流《なが》れを南北《なんぼく》に分《わ》けてはいかがでしょう。本流《ほんりゅう》を北東《ほくとう》に流《なが》し、釜無川《かまなしがわ》との合流点《ごうりゅうてん》で、ふたつの流《なが》れをぶつかりあわせることによって、たがいの力《ちから》を弱《よわ》めるのです。その流《なが》れを釜無川東岸《かまなしがわとうがん》のここ、赤坂台地《あかさかだいち》の赤《あか》岩《いわ》のがけ下《した》に受《う》けとめます。」

甘利左衛門《あまりさえもん》が言《い》うと、

「だが、赤岩《あかいわ》にぶつかる激流《げきりゅう》が逆流《ぎゃくりゅう》して、西側《にしがわ》の堤防《ていぼう》をこわしはせんか。」

内藤修理《ないとうしゅり》が心配《しんぱい》した。

「合流点《ごうりゅうてん》には巨大《きょだい》な石《いし》をいくつもおいて、御勅使川《みだいがわ》の水勢《すいせい》を弱《よわ》めさせてから釜無川《かまなしがわ》に合流《ごうりゅう》させますれば、西側《にしがわ》の堤防《ていぼう》は万全《ばんぜん》です。工事《こうじ》はもう一点《てん》、釜無川東岸《かまなしがわとうがん》、赤岩《あかいわ》から下流《かりゅう》へ半里《はんり》(2キロメートル)ほど、しっかりした堤防《ていぼう》をきずかねばなりません。」

工事《こうじ》にはばくだいな費用《ひよう》と、長《なが》い歳月《さいげつ》がかかるにちがいない。晴信《はるのぶ》は、家臣《かしん》たちに現場《げんば》を調《しら》べさせた。はじめから長期計画《ちょうきけいかく》である。御勅使川《みだいがわ》を分流《ぶんりゅう》させる工事《こうじ》と、釜無《かまなし》川《がわ》の堤防《ていぼう》をきずく工事《こうじ》は、同時《どうじ》に進《すす》めなければならない。晴信《はるのぶ》は一大決心《いちだいけっしん》で、この工《こう》事《じ》にのぞむことにした。

そのころ、駿河《するが》へ追放《ついほう》された信虎《のぶとら》は、ふんまんやるかたなかった。

「晴信《はるのぶ》め、いまに見《み》ておれ。おまえごときに甲斐《かい》がおさめられるか。国人《こくじん》たちがおとなしくしていたのも、わしがおさえていたからだ。ふたたび内乱《ないらん》が始《はじ》まるぞ。」

信虎《のぶとら》は今川義元《いまがわよしもと》を動《うご》かして、甲斐《かい》へ帰《かえ》ろうとはかったが、義元《よしもと》は応《おう》じなかった。信《のぶ》虎《とら》が甲斐《かい》の領主《りょうしゅ》に返《かえ》りざくようなことがあれば、今川領《いまがわりょう》がねらわれかねないからだ。駿河《するが》にとじこめておくことが、今川《いまがわ》の安全《あんぜん》を守《まも》ることだった。

「甲斐《かい》はもう、晴信《はるのぶ》どのの時代《じだい》。ご親類衆《しんるいしゅう》はもとより、ご譜代家老衆《ふだいかろうしゅう》もみなこぞって、晴信《はるのぶ》どのにしたがい、領民《りょうみん》たちからもたいそうな人気《にんき》とか。お気持《きも》ちはわかりますが、当分《とうぶん》おあきらめください。」

義元《よしもと》にさとされても、すんなり帰国《きこく》をあきらめる信虎《のぶとら》ではなかった。しかし、信虎《のぶとら》は永久《えいきゅう》に甲斐《かい》の土地《とち》をふむことがなかった。

諏訪氏《すわし》の悲劇《ひげき》

晴信《はるのぶ》が甲斐《かい》のあるじになって、1年《ねん》がたとうとしていた。

いくさをとりやめて、政治《せいじ》のしくみをあらため、経済《けいざい》の立《た》て直《なお》しをはかった晴信《はるのぶ》の政策《せいさく》は、信虎《のぶとら》のときにうしなわれた人《ひと》びとの信頼《しんらい》を、しだいにとりもどしてきた。

「さすがは晴信《はるのぶ》さまじゃ。わしらがこうしてほしいとねがっていることを、進《すす》んでやってくださる。わしらは、こういうお屋形《やかた》さまをのぞんでおったんじゃ。甲斐《かい》は、よい国《くに》になる。強《つよ》い国《くに》になる。」

「晴信《はるのぶ》さまの言《い》いつけとあれば、たとえ火《ひ》の中《なか》、水《みず》の中《なか》。命《いのち》を投《な》げだしてもおしくはない。」

領民《りょうみん》たちは声《こえ》をはずませた。だが、晴信《はるのぶ》は領民《りょうみん》たちのくらしだけを考《かんが》えてもいられなかった。なにしろ、戦国動乱《せんごくどうらん》の世《よ》である。領土《りょうど》さえ守《まも》っていればよいというものではなかった。守《まも》るためには、まわりの敵《てき》をせめる必要《ひつよう》があった。食《く》うか、食《く》われるかである。きれいごとは言《い》っていられなかった。守《まも》るにも軍備《ぐんび》、せめるにも軍備《ぐんび》。兵力《へいりょく》が決《き》め手《て》になっていた。

強力《きょうりょく》な軍団《ぐんだん》は、晴信《はるのぶ》が会議《かいぎ》で家臣《かしん》たちの意見《いけん》を聞《き》いたり、うずもれている人材《じんざい》をばってきするだけでつくれるものではなかった。

家臣《かしん》たちには、それぞれの格《かく》に応《おう》じて、おおぜいの家来《けらい》がかかえられていた。家臣《かしん》は、晴信《はるのぶ》からもらいうけた領地《りょうち》であがる年貢米《ねんぐまい》や税金《ぜいきん》で、自分《じぶん》たちのくらしをまかない、家来《けらい》をやしなっていた。だが、甲斐《かい》はたがやせる土地《とち》が少《すく》なく、しかも災害《さいがい》つづきだった。だから、あばれ川《がわ》をなおして、国《くに》を豊《ゆた》かにする政策《せいさく》は、家臣《かしん》たちの支持《しじ》を集《あつ》め、領民《りょうみん》からもよろこばれた。

しかし、軍団《ぐんだん》をより強力《きょうりょく》にするには、国外《こくがい》の領地《りょうち》を切《き》りとって、家臣《かしん》たちにほうびとしてあたえなければならなかった。内政《ないせい》(国内《こくない》の政治《せいじ》)だけを重視《じゅうし》していたのでは、おのずから限界《げんかい》がある。領民《りょうみん》はよろこんでも、家臣《かしん》たちがついてこないからだ。

晴信《はるのぶ》は領民《りょうみん》の心《こころ》も、家臣《かしん》たちの心《こころ》もしっかりつかむため、いくさの必要《ひつよう》にせまられてきた。

それにはもうひとつの理由《りゆう》があった。信虎《のぶとら》がたびたび合戦《かっせん》をくりかえしてきた信濃《しなの》の豪族《ごうぞく》たちが、信虎《のぶとら》の追放《ついほう》を知《し》って、油断《ゆだん》ならない動《うご》きを見《み》せはじめているからだった。もしもこの戦《たたか》いにやぶれるようなことがあれば、信濃勢《しなのぜい》の間《あいだ》に、「晴信《はるのぶ》など、たいしたことはない。」という気運《きうん》が高《たか》まってしまう。また、ようやくひとつにまとまった甲斐《かい》の国人《こくじん》たちが、晴信《はるのぶ》をあなどって反乱《はんらん》を起《お》こすおそれも、ないとはいえない。

「武将《ぶしょう》としてのほんとうの力《ちから》をためされる戦《たたか》いになるのだ。この戦《たたか》いだけは、ぜったいに勝《か》たねばならん。合戦《かっせん》の相手《あいて》に、だれをえらぶかだ。」

晴信《はるのぶ》はじっくり、情勢《じょうせい》を分析《ぶんせき》した。

南信濃《みなみしなの》の諏訪《すわ》には、諏訪頼重《すわよりしげ》が城《しろ》をかまえていた。伊那《いな》には高遠頼継《たかとおよりつぐ》が勢力《せいりょく》をはっている。頼重《よりしげ》と頼継《よりつぐ》は同族《どうぞく》だった。北信濃《きたしなの》の葛尾《かつらお》（現在《げんざい》の長野県埴科郡坂城町《ながのけんはにしなぐんさかきまち》）の村上《むらかみ》義清《よしきよ》も手強《てごわ》い。中信濃《なかしなの》の松本地方《まつもとちほう》には小笠原長時《おがさわらながとき》がいるし、木曾谷《きそだに》の一帯《いったい》の支配者《しはいしゃ》としては、名門《めいもん》のほまれ高《たか》い木曾義康《きそよしやす》がいた。かれらはたがいに手《て》をむすびあって、甲《か》斐《い》の侵入《しんにゅう》をしりぞけていた。

「諏訪《すわ》をとるか……。」

晴信《はるのぶ》は諏訪頼重《すわよりしげ》が支配《しはい》する、諏訪地方《すわちほう》にねらいをつけた。父《ちち》の信虎《のぶとら》も諏訪平《すわだいら》をせめとろうと、何度《なんど》か戦《たたか》いをこころみたが、成功《せいこう》はしていなかった。諏訪氏《すわし》は甲斐《かい》の国人《こくじん》のひとり今井信元《いまいのぶもと》と連合《れんごう》して、甲斐《かい》にせめよせたこともあるつわものだった。頼重《よりしげ》は信虎《のぶとら》をなやませた諏訪頼隆《すわよりたか》の子《こ》である。

2年《ねん》まえ、諏訪氏《すわし》に手《て》を焼《や》いた信虎《のぶとら》は、攻撃《こうげき》をあきらめて、ひとまず和平工作《わへいこうさく》をした。13歳《さい》の娘《むすめ》の禰々《ねね》を、頼重《よりしげ》にとつがせたのである。その結果《けっか》、晴信《はるのぶ》と頼重《よりしげ》は義理《ぎり》の兄弟《きょうだい》になっていた。

「たとえ、同盟《どうめい》は父《ちち》の時代《じだい》にむすばれたことだといっても、わが妹《いもうと》の夫《おっと》頼重《よりしげ》を理由《りゆう》もなくせめれば、人《ひと》でなしとのそしりを受《う》ける。」

晴信《はるのぶ》がためらっていると、意外《いがい》な使者《ししゃ》が急《きゅう》な知《し》らせをもたらしてきた。頼重《よりしげ》の同《どう》族《ぞく》、高遠頼継《たかとおよりつぐ》からの使者《ししゃ》だった。昨日《きのう》の敵《てき》は今日《きょう》の友《とも》。今日《きょう》の友《とも》が、あすには敵《てき》にまわるのも、戦国《せんごく》の世《よ》の習《なら》いである。諏訪家《すわけ》と高遠家《たかとおけ》は同族《どうぞく》であり、かつてはおたがいに手《て》をむすんで晴信《はるのぶ》と対決《たいけつ》していたのであるが、いまは領地《りょうち》をめぐって内輪《うちわ》もめを起《お》こしていた。

「頼重《よりしげ》が小笠原長時《おがさわらながとき》らと連合《れんごう》して、国《くに》ざかいに陣《じん》をはり、甲斐《かい》にせめいる気配《けはい》にございます。」

晴信《はるのぶ》はただちに軍議《ぐんぎ》（戦《たたか》いのための会議《かいぎ》）を開《ひら》いた。

「よし、これで諏訪《すわ》ぜめの名分《めいぶん》（理由《りゆう》）ができた。頼重《よりしげ》のほうからいくさをしかけてくれるとはありがたい。出陣《しゅつじん》を急《いそ》げ！」

ただ、どれだけの国人《こくじん》が命令《めいれい》にしたがって兵《へい》を出《だ》してくれるか、晴信《はるのぶ》は心配《しんぱい》だった。ところがいざ兵《へい》を起《お》こすと、国人《こくじん》の武将《ぶしょう》たちがぞくぞくと隊《たい》にくわわって、いままでになかったような大軍《たいぐん》になった。晴信《はるのぶ》はうれしかった。国人《こくじん》たちが22歳《さい》の晴信《はるのぶ》を甲斐《かい》のあるじとしてみとめてくれたのである。晴信《はるのぶ》は、いやがうえにもはりきった。天文《てんぶん》11（1542）年《ねん》の3月《がつ》、甲斐《かい》と信濃《しなの》の国《くに》ざかいに出陣《しゅつじん》した晴信《はるのぶ》の大軍《たいぐん》は、頼《より》重《しげ》と小笠原長時《おがさわらながとき》らの連合軍《れんごうぐん》と一戦《せん》を交《まじ》えた。頼重《よりしげ》が晴信《はるのぶ》を見《み》くびって、甲斐《かい》への侵入《しんにゅう》をはかったのだから、重大《じゅうだい》な同盟破《どうめいやぶ》りである。頼重《よりしげ》は、晴信《はるのぶ》の大軍《たいぐん》にせめこまれる口《こう》実《じつ》をつくってしまったことになる。戦《たたか》いは晴信《はるのぶ》の大軍《たいぐん》が勝利《しょうり》をおさめた。

この年《とし》の6月下旬《がつげじゅん》、

「頼重《よりしげ》をゆるすわけにはいかん。」

晴信《はるのぶ》は味方《みかた》の大軍《たいぐん》の先頭《せんとう》に立《た》って諏訪《すわ》にせめいった。高遠頼継《たかとおよりつぐ》も、武田《たけだ》の一軍《ぐん》として、諏訪《すわ》をとりかこんだ。7月《がつ》に入《はい》ると、頼重《よりしげ》は上原城《うえはらじょう》を落《お》とされて、桑原城《くわばらじょう》にげこもったが、もはや晴信《はるのぶ》に抵抗《ていこう》する力《ちから》はのこっていなかった。

頼重《よりしげ》はやむなく晴信《はるのぶ》に降参《こうさん》して、府中《ふちゅう》につれていかれた。頼重《よりしげ》は晴信《はるのぶ》に対《たい》して、自《じ》分《ぶん》の命《いのち》だけは助《たす》けてほしいとねがったが、どうわびたところで、同盟《どうめい》にそむいた罪《つみ》がとかれるはずはない。頼重《よりしげ》は切腹《せっぷく》させられる運命《うんめい》をたどった。

「諏訪《すわ》の領地《りょうち》は、東半分《ひがしはんぶん》を武田《たけだ》のものとし、西半分《にしはんぶん》を頼継《よりつぐ》どののものとしよう。」

領地《りょうち》の分《わ》け方《かた》も決《き》まって、諏訪《すわ》は平和《へいわ》になったかに見《み》えた。だが、頼継《よりつぐ》には不満《ふまん》だった。じつは頼継《よりつぐ》は、武田《たけだ》を利用《りよう》して諏訪《すわ》全部《ぜんぶ》を自分《じぶん》のものにしようとたくらんでいたのだった。

「だれのおかげで諏訪《すわ》がうばえたというのだ。西半分《にしはんぶん》では、手柄《てがら》にむくいたといえまい。ひとあわふかせてやるぞ。」

高遠頼継《たかとおよりつぐ》はこの年《とし》の9月《がつ》、晴信《はるのぶ》が本隊《ほんたい》を引《ひ》きあげたのをいいことに、上原城《うえはらじょう》にいた武田《たけだ》の残留部隊《ざんりゅうぶたい》を追《お》いだし、町《まち》に火《ひ》をはなつなどした。

「おのれ、頼継《よりつぐ》。領地《りょうち》の配分《はいぶん》に不服《ふふく》をとなえて、乱暴《らんぼう》ろうぜきをはたらくとは、もってのほか！　ようしゃせんぞ！」

晴信《はるのぶ》は騎馬隊《きばたい》を上原城《うえはらじょう》へさしむけた。武田《たけだ》の騎馬隊《きばたい》といえば、のちに戦国最強《せんごくさいきょう》の戦《せん》闘機動部隊《とうきどうぶたい》として天下《てんか》にその名《な》をひびかせる精鋭軍団《せいえいぐんだん》である。よろいかぶとの騎馬武《きばむ》者《しゃ》が、長槍《ながやり》を引《ひ》っさげて、ひづめの音《おと》をとどろかせて疾駆《しっく》するさまは、戦国絵巻《せんごくえまき》そのものだった。

上原城《うえはらじょう》での戦闘《せんとう》はすさまじかった。武田《たけだ》の騎馬隊《きばたい》にたまらず、頼継《よりつぐ》は700をこえる死者《ししゃ》をのこして、ほうほうの体《てい》で、伊那《いな》の高遠城《たかとおじょう》へにげのびていった。

騎馬隊《きばたい》は追撃《ついげき》の手《て》をゆるめず、上伊那《かみいな》にせめいった。上伊那《かみいな》の福与城《ふくよじょう》には、頼継《よりつぐ》に味方《みかた》する藤沢頼親《ふじさわよりちか》がいた。頼親《よりちか》は騎馬隊《きばたい》に、城《しろ》を明《あ》けわたした。血気《けっき》にはやる家臣《かしん》たちは勢《いきお》いにのって、さらに高遠《たかとお》まで追撃《ついげき》したいと言《い》ったのだが、すでに冬《ふゆ》が近《ちか》づいている。

晴信《はるのぶ》はおしとどめた。

「勝《か》ちいくさは五分《ぶ》をもってよしとすることだ。七分《ぶ》では勝《か》ちすぎて、気持《きも》ちがゆるみ、十分《ぶ》の完勝《かんしょう》となればおごりたかぶって油断《ゆだん》を生《う》む。いくさはただ、やみくもに勝《か》てばよいというものではない。頼継《よりつぐ》はいずれかならず討《う》ちとる。いまは府中《ふちゅう》へ引《ひ》きあげ、よい正月《しょうがつ》をむかえよう。」

晴信《はるのぶ》の言葉《ことば》に、一騎当千《いっきとうせん》の武将《ぶしょう》たちも感心《かんしん》しきった。とても22歳《さい》の若者《わかもの》とは思《おも》えない落《お》ち着《つ》きで、いくさのかけ引《ひ》きを知《し》りつくしているからだった。武田軍団《たけだぐんだん》は気持《きも》ちを引《ひ》きしめて、府中《ふちゅう》にがいせんした。

佐久《さく》につづいて、諏訪《すわ》も武田《たけだ》の領地《りょうち》となった。だが、年《とし》が明《あ》けて、天文《てんぶん》12（1543）年《ねん》をむかえて早々《そうそう》、晴信《はるのぶ》は悲《かな》しい知《し》らせに胸《むね》のつぶれる思《おも》いをしなければならなかった。

政略結婚《せいりゃくけっこん》とはいえ、諏訪頼重《すわよりしげ》にとついでいた妹《いもうと》の禰々《ねね》が、心痛《しんつう》のあまり病気《びょうき》になって、死《し》んだというのである。夫《おっと》の頼重《よりしげ》が、兄晴信《あにはるのぶ》のために切腹《せっぷく》させられたのだから、禰々《ねね》はどんなにつらかっただろう。

「戦国《せんごく》の世《よ》とはいえ、禰々《ねね》にはかわいそうなことをした……。」

晴信《はるのぶ》は熱心《ねっしん》な仏教《ぶっきょう》の信者《しんじゃ》として、禰々《ねね》の霊《れい》をねんごろにとむらった。

この年《とし》の8月《がつ》、日本《にっぽん》の南《みなみ》のはし、大隅《おおすみ》の国《くに》（現在《げんざい》の鹿児島県《かごしまけん》の一部《いちぶ》）の種子島《たねがしま》に、ポルトガル人《じん》の乗《の》った中国《ちゅうごく》の船《ふね》が、あらしにあって漂着《ひょうちゃく》した。ポルトガル人《じん》は、不思議《ふしぎ》な道具《どうぐ》を持《も》っていた。鉄《てつ》でできた細長《ほそなが》い筒先《つつさき》から、弾丸《だんがん》がとびだすしくみの道具《どうぐ》であ

る。弾丸《だんがん》が当《あ》たれば、人《ひと》もけものも、ひとたまりもなくたおれてしまうこの道具《どうぐ》は、「鉄砲《てっぽう》」と名《な》づけられた。［2］

鉄砲《てっぽう》のうわさはまもなく、堺《さかい》（現在《げんざい》の大阪府堺市《おおさかふさかいし》）の商人《しょうにん》の耳《みみ》に入《はい》った。そして国内《こくない》で、生産《せいさん》が始《はじ》められるようになった。

弓《ゆみ》と槍《やり》と刀《かたな》で、兵《へい》と兵《へい》が戦場《せんじょう》でぶつかりあう戦国《せんごく》の世《よ》にあらわれた鉄砲《てっぽう》は、やがて合戦《かっせん》の主役《しゅやく》になっていくばかりか、大名《だいみょう》たちの運命《うんめい》を左右《さゆう》する武器《ぶき》となっていくのである。

鉄砲《てっぽう》が武田軍団《たけだぐんだん》にどんな打撃《だげき》をあたえたかは、ここではまだ書《か》くまい。無敵《むてき》をほこる武田《たけだ》の騎馬隊《きばたい》が、鉄砲《てっぽう》のおそろしさを思《おも》い知《し》らされるのは、32年《ねん》のちのことで、信《しん》玄《げん》と名《な》をかえた晴信《はるのぶ》は、すでに世《よ》になく、武田勝頼《たけだかつより》（晴信《はるのぶ》の四男《よんなん》）があとをついでか

［2］鉄砲伝来《てっぽうでんらい》の年代《ねんだい》は、これまで1543年《ねん》といわれてきた。しかし、1542年《ねん》に船《ふね》が種子島《たねがしま》に漂着《ひょうちゃく》し、その翌年《よくとし》の1543年《ねん》に鉄砲《てっぽう》がつたえられたという説《せつ》もある。

ら2年後《ねんご》のできごとだからだ。

軍師《ぐんし》、山本勘助《やまもとかんすけ》

「じい、諏訪《すわ》は信濃《しなの》ぜめのかなめとなる拠点《きょてん》だ。高遠頼継《たかとおよりつぐ》もまきかえしをはかるおそれがある。諏訪《すわ》の城《しろ》を、しっかり守《まも》ってくれ。」

晴信《はるのぶ》は家臣《かしん》のなかで、もっとも信頼《しんらい》できる板垣信方《いたがきのぶかた》を館《やかた》によんでたのんだ。

「よろしゅうございます。諏訪《すわ》には武田《たけだ》にうらみをもつ遺臣《いしん》たちも数多《かずおお》く、再起《さいき》をうかがっておりますれば、この信方《のぶかた》、命《いのち》にかえましても守《まも》ってごらんにいれます。」

「それはたのもしい。なんといっても、敵地《てきち》の中《なか》の城《しろ》。ゆめゆめ、油断《ゆだん》のないようにな。」

「心得《こころえ》ております。武田家《たけだけ》の信濃《しなの》ぜめはのんびりしておられません。諏訪《すわ》を足《あし》がかりに、信濃全土《しなのぜんど》を平定《へいてい》するには、たいへんな歳月《さいげつ》がかかりましょう。われらが信濃《しなの》にかかりきりになっていれば、北条《ほうじょう》も動《うご》いてきます。越後《えちご》の長尾《ながお》とも、ことをかまえねばならない事態《じたい》も予想《よそう》され、まことに前途《ぜんと》はきびしいと申《もう》さねばなりません。」

「わかっている。だから、どうだというのだ？」

晴信《はるのぶ》は話《はなし》の先《さき》を急《いそ》がせた。

「ひとり、召《め》しかかえていただきたい男《おとこ》がございます。城《しろ》とりの名人《めいじん》にて、諸国《しょこく》の事《じ》情《じょう》に明《あか》るく、かならずや武田家《たけだけ》のお役《やく》に立《た》つものと考《かんが》えます。」

「じいの眼鏡《めがね》にかなった男《おとこ》なら、召《め》しかかえようではないか。名《な》はなんという？」

「山本勘助《やまもとかんすけ》。」

「生《う》まれは？」

「駿府《すんぷ》（現在《げんざい》の静岡市《しずおかし》）に長《なが》いこと住《す》まいしておりますが、生《う》まれは三河《みかわ》（現在《げんざい》の愛知《あいち》県《けん》の一部《いちぶ》）の牛窪《うしくぼ》と聞《き》いております。年《とし》はかれこれ、五十になりましょう。」

このころの三河《みかわ》の領主《りょうしゅ》の松平氏《まつだいらし》（徳川家《とくがわけ》の旧姓《きゅうせい》）は、勢力《せいりょく》が弱《よわ》く、今川義元《いまがわよしもと》にしたがえられていた。

「今川《いまがわ》のおひざもと、駿府《すんぷ》に住《す》まいしながら、城《しろ》とりの名人《めいじん》といわれるほどの男《おとこ》がなぜ、今川《いまがわ》に召《め》しかかえられなかったのだ？」

「それは、お目《め》にかかっていただければ、うなずかれましょう。」

「館《やかた》につれてきているのか。目通《めどお》りをゆるす。すぐに通《とお》せ。」

晴信《はるのぶ》は山本勘助《やまもとかんすけ》に会《あ》った。会《あ》ってすぐ、この男《おとこ》が今川《いまがわ》に召《め》しかかえられないわけを察《さっ》した。着《き》ているものもそまつだが、姿形《すがたかたち》からして、この男《おとこ》が槍《やり》をとったり、刀《かたな》をとったりするさまは、想像《そうぞう》しにくかった。小柄《こがら》だからというだけではない。片方《かたほう》の目《め》が見《み》えず、片足《かたあし》が不自由《ふじゆう》でもあった。

（この男《おとこ》が馬《うま》に乗《の》ったら、馬《うま》の首《くび》ったたまにしがみつくのもやっとだろう。）

晴信《はるのぶ》はまじまじと勘助《かんすけ》を見《み》つめた。戦《たたか》いに出《で》て大《おお》あばれのできる男《おとこ》ではなさそうだった。しかし、信方《のぶかた》が召《め》しかかえるようにすすめているのだから、ただ者《もの》ではないに決《き》まっている。見《み》かけで人《ひと》の値打《ねう》ちは測《はか》れない。

「駿府《すんぷ》ではなにをしていた？」

「今川家《いまがわけ》の重臣《じゅうしん》、庵原安房守《いはらあわのかみ》のもとで、いそうろうをしておりました。仕官《しかん》(領主《りょうしゅ》に仕《つか》えること)をのぞんだのですが、はたせませんでした。」

勘助《かんすけ》は顔《かお》をあげた。大《おお》きなほお傷《きず》のあとが引《ひ》きつっていた。

「城《しろ》とりの名人《めいじん》とのことだが、城《しろ》はこれまでにいくつ落《お》としている?」

「ひとつも落《お》としてはおりません。それがしの策略《さくりゃく》によって落《お》ちた城《しろ》は十指《し》にあまりましても、手柄《てがら》はすべて将《しょう》たるおかたのもの。」

「それで甲斐《かい》に来《き》て、将《しょう》になりたいと申《もう》すのだな。おもしろい。望《のぞ》みをかなえよう。どしどし城《しろ》とりをしてくれ。手当《てあ》てはいくらのぞんでおる?」

晴信《はるのぶ》がたずねた。

「それがしがのぞむのは、手当《てあ》てではございません。実際《じっさい》に兵《へい》を動《うご》かして、城《しろ》とりをさせていただけるなら、100貫《かん》にてじゅうぶんにございます。」

「気《き》に入《い》ったぞ。200貫《かん》とらそう。手当《てあ》てより、将《しょう》として城《しろ》とりがしたいという、その心意気《こころいき》がうれしい。ぞんぶんな働《はたら》きを、楽《たの》しみにしよう。」

晴信《はるのぶ》はこうして、のちに「武田《たけだ》の軍師《ぐんし》」として活躍《かつやく》する山本勘助《やまもとかんすけ》を召《め》しかかえ、まずは25人《にん》の足軽《あしがる》をあずけた。

勘助《かんすけ》は諏訪《すわ》の城《しろ》におもむく板垣信方《いたがきのぶかた》に同行《どうこう》すると、数《すう》か月《げつ》にわたって信濃《しなの》の各地《かくち》の動《うご》きをさぐった。晴信《はるのぶ》は9月《がつ》のはじめ、勘助《かんすけ》のもたらした情報《じょうほう》をもとに、5000の軍《ぐん》をひきいて小県郡《ちいさがたぐん》の長窪城《ながくぼじょう》に奇襲《きしゅう》をかけた。奇襲《きしゅう》は成功《せいこう》した。城主《じょうしゅ》の大井貞隆《おおいさだたか》はあえなく降伏《こうふく》。

「なるほど、勘助《かんすけ》は城《しろ》とりの名人《めいじん》だ。」

勘助《かんすけ》のうわさどおりの働《はたら》きに、晴信《はるのぶ》は満足《まんぞく》だった。勘助《かんすけ》は軍略《ぐんりゃく》にすぐれていたが、政治《せいじ》の才能《さいのう》もなかなかで、

「諏訪《すわ》を力《ちから》だけでおさえこむのは、むずかしゅうございます。諏訪氏《すわし》の家来《けらい》も領民《りょうみん》も、武田《たけだ》にうらみをいだいておりますれば、いずれ力《ちから》をたくわえ、反抗《はんこう》におよぶでしょう。」

と、晴信《はるのぶ》に進言《しんげん》した。

「どうしたらそのうらみをといて、心《こころ》から武田《たけだ》にしたがわせることができような。よい考《かんが》えがあるなら、聞《き》かせてくれ。」

晴信《はるのぶ》はひかえめな口《くち》ぶりでたずねた。

「されば、申《もう》しあげます。敵地《てきち》に城《しろ》をとったとき、力《ちから》でおさえこんで支配《しはい》を強《つよ》めれば、反感《はんかん》を買《か》って、うらみはますます深《ふか》くなってしまいます。けっして、よい結果《けっか》は得《え》られません。諏訪《すわ》氏《し》の家来《けらい》たちがなにをのぞんでいるか、それを考《かんが》えねばなりますまい。」

勘助《かんすけ》は苦労《くろう》してきているだけに、人情《にんじょう》にあつかった。

「諏訪《すわ》氏《し》は名門《めいもん》。わたしが家来《けらい》のひとりならば、お家《いえ》の血筋《ちすじ》がたえないことをのぞむだろう。」

晴信《はるのぶ》は諏訪頼重《すわよりしげ》の血《ち》を受《う》けついだ子《こ》どもがいれば、養子縁組《ようしえんぐ》みをして武田家《たけだけ》にむかえてもよいと考《かんが》えた。勘助《かんすけ》はうなずいた。

「諏訪《すわ》氏《し》の血《ち》を、武田家《たけだけ》に入《い》れるのです。頼重《よりしげ》の血《ち》を受《う》けた子《こ》どもに、それは美《うつく》しい姫《ひめ》がおりますれば、奥方《おくがた》のおひとりとして、甲斐《かい》にむかえられてはいかがでしょう。」

戦国《せんごく》の武将《ぶしょう》たちは正室《せいしつ》とよばれる夫人《ふじん》のほかにも、数人《すうにん》の側室《そくしつ》（正室以外《せいしついがい》の夫人《ふじん》）をもつことがめずらしくなかった。正室《せいしつ》との間《あいだ》に、あとつぎの子《こ》どもが生《う》まれるとはかぎらないからである。晴信《はるのぶ》は今川義元《いまがわよしもと》のはからいで、京《きょう》の三条氏《さんじょうし》の姫《ひめ》を正室《せいしつ》としていた。そしてすでに5年《ねん》まえ、三条夫人《さんじょうふじん》との間《あいだ》に、長男《ちょうなん》の太郎《たろう》（のちの義信《よしのぶ》）をもうけていた。だが、長男《ちょうなん》がかならずしもあとをつぐとはかぎっていない。

貴族《きぞく》の娘《むすめ》であった三条夫人《さんじょうふじん》は気位《きぐらい》が高《たか》く、晴信《はるのぶ》との夫婦仲《ふうふなか》はかならずしもうまくいっていなかったし、母親《ははおや》の気質《きしつ》を受《う》けついだ太郎《たろう》も、父《ちち》である晴信《はるのぶ》にあまりなつかなかった。次男《じなん》の次郎《じろう》（のちに出家《しゅっけ》して竜芳《りゅうほう》）は生《う》まれながら目《め》が見《み》えなかった。

「頼重《よりしげ》のわすれがたみを側室《そくしつ》にせよというのか。その姫《ひめ》にとってみればこの晴信《はるのぶ》、父《ちち》をうばったにくむべきかたき。とてもなりたつ話《はなし》ではあるまい。」

晴信《はるのぶ》は勘助《かんすけ》のすすめを、むちゃな話《はなし》だと思《おも》った。

「いえ、殿《との》と姫《ひめ》の間《あいだ》に若君《わかぎみ》が誕生《たんじょう》すれば、諏訪氏《すわし》の血《ち》はつづき、元《もと》の家来《けらい》も領民《りょうみん》もこの若君《わかぎみ》を領主《りょうしゅ》とあおぐでしょう。それぱかりではありません。万《まん》が一《いち》、この若君《わかぎみ》が武《たけ》田《だ》家《け》のあとつぎになることにでもなれば、諏訪《すわ》のだれもが武田《たけだ》へのうらみをといて、心《こころ》から殿《との》をしたいましょう。姫《ひめ》も諏訪家《すわけ》の再興《さいこう》をねがって、殿《との》のおそばにあがることをのぞむにちがいありません。ここはひとつ、勘助《かんすけ》におまかせください。」

勘助《かんすけ》は諏訪《すわ》へおもむいた。頼重《よりしげ》のわすれがたみである姫《ひめ》に会《あ》って、説得《せっとく》するためである。

説得《せっとく》は成功《せいこう》した。むろん、姫《ひめ》にためらいはあったが、諏訪《すわ》一族《いちぞく》と領民《りょうみん》のことを考《かんが》えれば、勘助《かんすけ》のすすめにしたがうほかない。

「晴信《はるのぶ》さまのおそばにあがらせていただきます。」

姫《ひめ》は勘助《かんすけ》にたのんだ。まだ、14歳《さい》の少女《しょうじょ》である。

『武田三代軍記《たけださんだいぐんき》』という書物《しょもつ》によれば、

――容顔美麗《ようがんびれい》、あでやかなること、また世《よ》にたぐいなかりし。

と、たたえられているほどの美《うつく》しい姫《ひめ》ぎみであった。

「絵《え》からぬけだしたような姫《ひめ》ではないか。」

晴信《はるのぶ》はつつじケ崎《がさき》の館《やかた》にむかえた姫《ひめ》をひと目《め》で気《き》に入《い》ってしまった。姫《ひめ》は、諏訪《すわ》ご料人《りょうにん》とよばれるようになった。

ところで、信濃《しなの》のようすはどうなっただろう。ふたたび戦雲《せんうん》がたなびいてきた。天文《てんぶん》13（1544）年《ねん》の秋《あき》には、いったん降伏《こうふく》した上伊那《かみいな》の藤沢頼親《ふじさわよりちか》が、福与城《ふくよじょう》と荒神山《こうじんやま》の山城《やまじろ》に立《た》てこもって、武田《たけだ》に反旗《はんき》をひるがえしたのである。

「おのれ、よくもあざむいたな！　高遠《たかとお》や小笠原《おがさわら》の後《うし》ろだてをよいことに、武田《たけだ》をなめてかかっている。出陣《しゅつじん》じゃ！」

5000の軍《ぐん》をひきいて、晴信《はるのぶ》は荒神山《こうじんやま》の山城《やまじろ》をとりかこんだが、そなえが万全《ばんぜん》と見《み》え、びくともしなかった。城《しろ》とりの名人《めいじん》の山本勘助《やまもとかんすけ》もせめあぐんでいるうちに、高《たか》遠頼継《とおよりつぐ》と小笠原長時《おがさわらながとき》の連合軍《れんごうぐん》が、背後《はいご》をついてきた。晴信《はるのぶ》は苦戦《くせん》のすえにしりぞけたものの、きびしい冬《ふゆ》がせまっている。

「追撃《ついげき》にはおよばん。年《とし》が明《あ》けてから、あらためて討《う》つ。今度《こんど》という今度《こんど》は、目《め》にものを見《み》せてくれようぞ！」

晴信《はるのぶ》は荒神山《こうじんやま》の囲《かこ》みをといて、甲斐《かい》へもどった。晴信《はるのぶ》がおそれるのは、あまりにむりな戦《たたか》いをして兵《へい》をうしなうことだった。そんなことをしてしまったら、兵《へい》のあるじである国人《こくじん》たちの支持《しじ》をなくしてしまうからだ。

年《とし》が明《あ》けて春《はる》がおとずれると、晴信《はるのぶ》は同盟《どうめい》をむすんでいる今川義元《いまがわよしもと》からも援軍《えんぐん》をもとめ、7000の軍《ぐん》で高遠城《たかとおじょう》をおそった。勇猛《ゆうもう》をほこった高遠頼継《たかとおよりつぐ》も、城《しろ》をすてて逃亡《とうぼう》をはかった。頼継《よりつぐ》がにげだした高遠城《たかとおじょう》をうばった晴信《はるのぶ》は、息《いき》つくまもなく、藤沢頼親《ふじさわよりちか》の福与城《ふくよじょう》をせめたて、ついに落城《らくじょう》させた。頼親《よりちか》も、高遠頼継《たかとおよりつぐ》も、ついに武田《たけだ》の軍団《ぐんだん》にくだったのである。

その余勢《よせい》をかって、武田軍団《たけだぐんだん》は筑摩郡《ちくまぐん》の塩尻《しおじり》になだれこんだ。中信濃《なかしなの》の塩尻《しおじり》は頼親《よりちか》や頼継《よりつぐ》の後《うし》ろだてになってきている名門《めいもん》、小笠原長時《おがさわらながとき》の領地《りょうち》である。諏訪《すわ》の安全《あんぜん》を守《まも》るためにも、長時《ながとき》をたたく必要《ひつよう》があった。長時《ながとき》はこれまで、武田《たけだ》の本隊《ほんたい》が甲斐《かい》に引《ひ》きあげたあとに、諏訪《すわ》に乱入《らんにゅう》しては民家《みんか》や田畑《たはた》に火《ひ》をはなつなどしていた。

晴信《はるのぶ》はここで一気《いっき》に長時《ながとき》と決着《けっちゃく》をつけたかったが、塩尻《しおじり》にとどまってはいられなかった。伝令《でんれい》が馬《うま》をとばしてきて、

「相模《さがみ》の北条氏康《ほうじょううじやす》が、大軍《たいぐん》で駿河《するが》の今川領《いまがわりょう》に侵入中《しんにゅうちゅう》につき、ただちに援軍《えんぐん》をまわしてほしいとのことにございます。」

今川義元《いまがわよしもと》からの伝言《でんごん》をつたえた。

「わかった。軍《ぐん》を引《ひ》いて、駿河《するが》へ行《い》く。長時《ながとき》め、いましばらく首《くび》をあずけておいてやるが、けっして、このままではすまんぞ。」

この年《とし》の9月《がつ》、晴信《はるのぶ》は、武田《たけだ》のために命《いのち》をすててはたらく覚悟《かくご》をもっている一騎当《いっきとう》千《せん》の武将《ぶしょう》たちをひきいて、伊那谷《いなだに》をくだり駿河《するが》の吉原《よしわら》（現在《げんざい》の静岡県富士市《しずおかけんふじし》）に陣《じん》をしいた。この武将《ぶしょう》たちは、のちに「武田二十四将《たけだにじゅうししょう》」の名《な》で呼《よ》ばれることになる。

あだとなさけ

「北条《ほうじょう》が今川《いまがわ》にせめいるたびに援軍《えんぐん》にかけつけていたのでは、信濃《しなの》を手《て》に入《い》れるのがそれだけおそくなる。武田《たけだ》が仲立《なかだ》ちをして、両家《りょうけ》の仲直《なかなお》りをさせよう。」

吉原《よしわら》に陣《じん》をしいた晴信《はるのぶ》は、両家《りょうけ》の和平交渉《わへいこうしょう》をとりなした。北条《ほうじょう》の敵《てき》は関東《かんとう》の領地《りょうち》をうばいあっている関東管領上杉家《かんとうかんれいうえすぎけ》である。晴信《はるのぶ》がこのまま信濃《しなの》を攻略《こうりゃく》していけば、いずれ上杉《うえすぎ》とぶつかりあうときがくる。つまり、北条《ほうじょう》と武田《たけだ》には、上杉《うえすぎ》という共通《きょうつう》の敵《てき》があった。北条《ほうじょう》と武田《たけだ》が手《て》をむすべば、上杉《うえすぎ》を関東《かんとう》から追《お》いはらって、越後《えちご》にふうじこめることも夢《ゆめ》ではない。

「いまはその機《き》がじゅくしていないが、数年《すうねん》のうちに三者《しゃ》の同盟《どうめい》をむすぼう。」

晴信《はるのぶ》は外交《がいこう》の腕前《うでまえ》を発揮《はっき》して、とりあえず北条《ほうじょう》と今川《いまがわ》の仲直《なかなお》りを成立《せいりつ》させると、ふたたび信濃《しなの》の佐久平《さくだいら》へ軍《ぐん》をひきいた。

天文《てんぶん》15（1546）年《ねん》の5月《がつ》に、佐久《さく》の内山城《うちやまじょう》をせめた晴信《はるのぶ》は、城主《じょうしゅ》大井《おおい》貞清《さだきよ》をはじめ、配下《はいか》の武将《ぶしょう》たちの目《め》ざましい働《はたら》きに苦戦《くせん》しながらも、10日《とおか》ほどで城《しろ》を落《お》とした。貞清《さだきよ》の一族《いちぞく》が降伏《こうふく》すると、

「敵《てき》ながらあっぱれな武勇《ぶゆう》。」

晴信《はるのぶ》はほめたたえた。

「そのほうたちがのぞむなら、武田《たけだ》の家臣《かしん》として召《め》しかかえてもよいぞ。内山《うちやま》の領地《りょうち》もこれまでどおり、そのほうたちにまかせよう。」

貞清《さだきよ》の一族《いちぞく》は感激《かんげき》した。首《くび》をはねられようと、領地《りょうち》をうばわれようとしかたのない敗軍《はいぐん》の将《しょう》には、思《おも》いもよらない温《あたた》かいなさけである。

「まことのことでございますか。このご恩《おん》、けっして忘《わす》れはいたしません。」

貞清《さだきよ》は晴信《はるのぶ》の心《こころ》の広《ひろ》いあつかいに、武田《たけだ》のためなら命《いのち》をなげうってもおしくないとちかった。敵《てき》を力《ちから》でおさえこめば、にくしみを買《か》って苦心《くしん》をはらわなくてはならないが、なさけをかければ強力《きょうりょく》な味方《みかた》になってくれるのである。

諏訪《すわ》をめぐる戦《たたか》いのあと、晴信《はるのぶ》は人間《にんげん》として、ひと回《まわ》り大《おお》きく成長《せいちょう》していた。

「人《ひと》は城《しろ》　人《ひと》は石垣《いしがき》　人《ひと》は堀《ほり》
なさけは味方《みかた》　あだは敵《てき》なり。」

これは晴信《はるのぶ》の自作《じさく》の歌《うた》とも、晴信《はるのぶ》の考《かんが》え方《かた》をよく知《し》っている人《ひと》の作《さく》ともいわれているが、この歌《うた》のとおり、晴信《はるのぶ》はなさけの大切《たいせつ》さと、にくしみのこわさを知《し》っていた。甲斐《かい》のせまい国土《こくど》に城《しろ》をかまえたところで、晴信《はるのぶ》には意味《いみ》がなかった。それよりも、うばいとった敵地《てきち》の人《ひと》たちの心《こころ》をどう自分《じぶん》にしたがわせるかである。なさけをかければ味方《みかた》になるが、うらみ（あだ）を買《か》えば、おそろしい敵《てき》になってしまう。

味方《みかた》がふえれば、その人《ひと》たちが城《しろ》になり、石垣《いしがき》になり、堀《ほり》となってくれるのである。晴信《はるのぶ》がなさけをかける相手《あいて》は、敵地《てきち》の武将《ぶしょう》たちだけではない。家臣《かしん》にも領民《りょうみん》にも、心《こころ》を配《くば》っていた。

大井貞清《おおいさだきよ》の一族《いちぞく》が晴信《はるのぶ》にしたがうようになったある日《ひ》、父信虎《ちちのぶとら》のときから武田家《たけだけ》に仕《つか》えている家臣《かしん》が、

「殿《との》はなぜ、このようになさけにあついのですか。敵《てき》も味方《みかた》もなく大切《たいせつ》にされるわけを教《おし》えてください。」

と、たずねた。晴信《はるのぶ》は答《こた》えた。

「そんなことがわからんのか。甲斐《かい》はもともと小国《しょうこく》。まわりの大名《だいみょう》たちにせめよせられたら、ひとたまりもない。そのために、領地《りょうち》を広《ひろ》げている。城《しろ》をとるそばから、とりかえされ、反抗《はんこう》されるくらいなら、はじめからいくさなどしなければいい。敵《てき》も味《み》方《かた》もなぜかわいがるかだと。おのれの身《み》がかわいいからよ。自分《じぶん》を守《まも》るためにそうしているまでだ。」

晴信《はるのぶ》の答《こた》えは正直《しょうじき》だった。晴信《はるのぶ》のいう自分《じぶん》とは、甲斐《かい》の国《くに》とおきかえてもよいだろう。敵《てき》をつくっていたのでは、天下《てんか》に名《な》をとどろかせるような大《おお》きな大名《だいみょう》にはなれない。敵《てき》の領地《りょうち》をとったら確実《かくじつ》に味方《みかた》につける政治《せいじ》を成功《せいこう》させせなければならなかった。

あだ（うらみ）こそ敵《てき》なのである。これが晴信《はるのぶ》の基本的《きほんてき》な政治《せいじ》の姿勢《しせい》だった。

大井貞清《おおいさだきよ》の一族《いちぞく》を心《こころ》からしたがわせた晴信《はるのぶ》は、この年《とし》の秋《あき》、勘助《かんすけ》からめでたい知《し》らせを受《う》けた。〔3〕

「殿《との》、およろこびください。諏訪《すわ》ご料人《りょうにん》がぶじ、男子《だんし》を出生《しゅっしょう》あそばしました。かしこそうな、和子《わこ》さまにございまする。」

「それはでかした。すぐに見舞《みま》ってやろう。」

晴信《はるのぶ》は側室《そくしつ》の諏訪《すわ》ご料人《りょうにん》との間《あいだ》に生《う》まれた男《おとこ》の子《こ》を、四郎《しろう》と名《な》づけた。のちの武田《たけだ》諏訪四郎勝頼《すわしろうかつより》である。正室《せいしつ》の子《こ》どもではないため、武田家《たけだけ》ゆかりの「信《しん》」の字《じ》は使《つか》われず、諏訪一族《すわいちぞく》ゆかりの「頼《より》」の字《じ》がつけられた。

「姫《ひめ》、ようやった。元気《げんき》そうな男《おとこ》の子《こ》で、うれしく思《おも》うぞ。」

晴信《はるのぶ》は諏訪《すわ》ご料人《りょうにん》をねぎらったが、この男《おとこ》の子《こ》の手《て》に武田家《たけだけ》の家督《かとく》をゆだねることになろうとは、知《し》るよしもなかった。

「諏訪《すわ》ご料人《りょうにん》が、めでたく男子《だんし》をお産《う》みになりました。」

知《し》らせはただちに、諏訪《すわ》へもたらされた。諏訪頼重《すわよりしげ》の遺臣《いしん》たちは、この知《し》らせにおどりあがった。主君《しゅくん》、頼重《よりしげ》の命《いのち》をうばっただけでなく、わすれがたみの姫《ひめ》を側室《そくしつ》にした晴信《はるのぶ》にいだいていたうらみの霧《きり》が、いっぺんに晴《は》れて、

「若君《わかぎみ》のためにつくそうではないか。」

「武田《たけだ》に忠誠《ちゅうせい》をちかうことが、われらの若君《わかぎみ》のためになるのだ。」

と、府中《ふちゅう》に進《すす》んで人質《ひとじち》を出《だ》してきた。勘助《かんすけ》のもくろみがみごとに当《あ》たったのである。

晴信《はるのぶ》は戦《たたか》いの合間《あいま》を見《み》ては、御勅使川《みだいがわ》と釜無川《かまなしがわ》の工事現場《こうじげんば》に体《からだ》を運《はこ》んで、工事《こうじ》の進《すす》みぐあいをたしかめ、はたらく者《もの》たちにはげましの声《こえ》をかけることをおこたらなかった。工事《こうじ》は予定《よてい》よりおくれぎみだった。工事《こうじ》が始《はじ》められてからもたびたび、水害《すいがい》にあっているからだ。

「しっかりたのんだぞ。大水《おおみず》のたびに泥海《どろうみ》になる盆地《ぼんち》を、稲穂《いなほ》がたわわに実《みの》る村《むら》にで

［3］勝頼《かつより》が生《う》まれた月《つき》は、正確《せいかく》にはわかっていない。

きるかどうかが、この工事《こうじ》にかかっている。」

晴信《はるのぶ》のはげましに、もっこをかついだり、川底《かわぞこ》にくいを打《う》ちこむ男《おとこ》たちの手《て》に力《ちから》がこもった。

四郎《しろう》が生《う》まれた翌年《よくとし》、晴信《はるのぶ》は武田《たけだ》の家臣《かしん》や領民《りょうみん》が守《まも》らなければならないさまざまな決《き》まりを定《さだ》めることにした。「甲州法度之次第《こうしゅうはっとのしだい》」がそれである。天文《てんぶん》16（1547）年《ねん》に26条《じょう》で始《はじ》まったこの決《き》まりには、いまでいえば「憲法《けんぽう》」「民法《みんぽう》」「刑法《けいほう》」「商法《しょうほう》」にあたる内容《ないよう》がまとめられていた。

のちに整備《せいび》されて57条《じょう》におよぶ「甲州法度《こうしゅうはっと》」は、「信玄家法《しんげんかほう》」とも「信玄法度《しんげんはっと》」ともよばれているが、大名《だいみょう》が法度《はっと》をつくることはめずらしくなかった。中国地方《ちゅうごくちほう》をおさめる毛利家《もうりけ》にもあったし、相模《さがみ》の北条家《ほうじょうけ》にもあった。

だが、「甲州法度《こうしゅうはっと》」には、毛利《もうり》や北条《ほうじょう》の法度《はっと》にない、重要《じゅうよう》な項目《こうもく》がくわえられていた。

――もし、晴信自身《はるのぶじしん》がこの決《き》まりにそむいたことをしてしまったと気《き》がついたならば、身分《みぶん》にかかわらず、うったえでるがよい。よく調《しら》べて、行《おこな》いをあらためることにする。

家臣《かしん》たちはおどろいた。公私《こうし》を混同《こんどう》しないようにとか、けんかは両成敗《りょうせいばい》であるとか、武士《ぶし》はいかなるときにも刀やよろいの手入《てい》れをおこたらないで、いくさにそなえるようにとかいう決《き》まりはともかく、領主自身《りょうしゅじしん》も決《き》まりにしたがおうというのである。領主《りょうしゅ》がぜったいの権力《けんりょく》をにぎっている大名政治《だいみょうせいじ》のもとでは、型破《かたやぶ》りの項目《こうもく》だった。

「いかに家法《かほう》とは申《もう》せ、お屋形《やかた》さまは例外《れいがい》であらねば、かえって混乱《こんらん》をまねきかねないでしょう。」

家臣《かしん》のひとりが言《い》うと、

「これは、甲斐《かい》の政治《せいじ》をかためる決《き》まりではないか。決《き》まりというものは、つくったものが守《まも》って、手本《てほん》をしめしてこそ、はじめて生《い》きるのだ。決《き》めたものが守《まも》らないのでは、決《き》まりをつくる意味《いみ》がなかろう。」

晴信《はるのぶ》は決心《けっしん》をこめて言《い》った。「甲州法度《こうしゅうはっと》」は目先《めさき》の思《おも》いつきなどではなかった。5年《ねん》もまえから考《かんが》えてきたことだった。戦《たたか》いによっていくら領地《りょうち》をふやしたところで、国《くに》はおさまっていくものではない。政治《せいじ》をかためるには、そのもとになる制度《せいど》づくりが基本《きほん》になっていく。晴信《はるのぶ》はそれを実行《じっこう》したまでだった。

「法度《はっと》は、領民《りょうみん》にも国人《こくじん》にも、守《まも》ってもらうが、定《さだ》めた以上《いじょう》、わしもみずからかならず守《まも》ろう。」

晴信《はるのぶ》が武田家《たけだけ》にとって大事《だいじ》なことを、ひとり決《ぎ》めにしないで、会議《かいぎ》の場《ば》で家臣《かしん》の意《い》見《けん》を広《ひろ》くとりいれるようにしたのも、そうした気持《きも》ちの表《あらわ》れにほかならない。父《ちち》の信《のぶ》虎《とら》はワンマンだった。やることなすこと強引《ごういん》すぎて、きらわれていった。それだけに晴信《はるのぶ》は、力《ちから》でおさえこむ政治《せいじ》がもつ危険性《きけんせい》をわきまえていて、だれからも納得《なっとく》のいく、開《ひら》かれた政治《せいじ》を目指《めざ》していた。

苦戦《くせん》する「風林火山《ふうりんかざん》」

諏訪《すわ》も伊那《いな》もしたがえた晴信《はるのぶ》は、2年《ねん》がかりで佐久《さく》もほぼ平定《へいてい》すると、次《つぎ》のねらいを北信濃《きたしなの》の上田原《うえだはら》にしぼった。

諏訪《すわ》の北方《ほっぽう》に位置《いち》して、千曲川《ちくまがわ》ぞいに豊《ゆた》かな水田《すいでん》や畑《はたけ》をもつ上田原《うえだはら》の一帯《いったい》は、葛尾《かつらお》に城《しろ》をかまえている北信《ほくしん》（北信濃《きたしなの》）の雄《ゆう》、村上義清《むらかみよしきよ》の領地《りょうち》である。

中信《ちゅうしん》（中信濃《なかしなの》）、松本《まつもと》の小笠原長時《おがさわらながとき》とならんで、武田勢《たけだぜい》の佐久進出《さくしんしゅつ》に真《ま》っ向《こう》から反《はん》対《たい》する義清《よしきよ》は、佐久《さく》や諏訪《すわ》をたびたびおびやかしていた。

「村上《むらかみ》を討《う》たねば、佐久《さく》や諏訪《すわ》があぶなくなる。村上《むらかみ》はどこまでも甲斐《かい》にさからうつもりだ。今度《こんど》こそたたいてやる。」

天文《てんぶん》17（1548）年《ねん》の2月《がつ》だった。8000の武田軍団《たけだぐんだん》は北信濃《きたしなの》を目指《めざ》して甲斐《かい》をあとにした。2年《ねん》まえ、晴信《はるのぶ》は葛尾《かつらお》の支城《しじょう》、戸石城《といしじょう》（砥石城《といしじょう》ともいう）をせめたさい、かろうじて勝《か》つには勝《か》ったが、城《しろ》はとれなかった。ぎせい者《しゃ》も多《おお》く出《だ》している。晴信《はるのぶ》が「今度《こんど》こそ。」と言《い》ったのは、2年《ねん》まえの苦戦《くせん》のお返《かえ》しを意味《いみ》していた。しかし、義清《よしきよ》のほうもその間《かん》に兵力《へいりょく》をやしなっている。手強《てごわ》い敵《てき》だった。

葛尾《かつらお》の城《しろ》は、長野県上田市《ながのけんうえだし》の西《にし》、現在《げんざい》の埴科郡坂城町《はにしなぐんさかきまち》にあった。川《かわ》をはさんで、対岸《たいがん》には上山田温泉《かみやまだおんせん》がある。武田軍団《たけだぐんだん》は雪《ゆき》をけって、葛尾《かつらお》にせまった。この季節《きせつ》をえらんだのは、農作業《のうさぎょう》の手《て》が空《あ》く冬場《ふゆば》でないと、兵力《へいりょく》となる農民兵《のうみんへい》が集《あつ》められないからだった。

武田軍団《たけだぐんだん》はその中央《ちゅうおう》に、武田家《たけだけ》につたわる家宝《かほう》の旗《はた》を2本《ほん》おしたてて進軍《しんぐん》した。大事《だいじ》な合戦《かっせん》のときに使《つか》われる大旗《おおはた》である。1本《ぽん》は「諏訪法性《すわほっしょう》」の旗《はた》とよばれるもので、赤《あか》の絹地《きぬじ》に金粉《きんぷん》で、「南無諏訪南宮法性上下大明神《なむすわなんぐうほっしょうじょうかだいみょうじん》」と書《か》かれていた。

もう1本《ぽん》は、いわゆる「風林火山《ふうりんかざん》」の旗《はた》である。紺《こん》の絹地《きぬじ》にこれも金粉《きんぷん》の文字《もじ》があざやかだった。どちらも1丈《じょう》2尺《しゃく》(約《やく》3・6メートル)あった。その言葉《ことば》を中国《ちゅうごく》の孫子《そんし》の兵書《へいしょ》からとっていることから、「孫子《そんし》の旗《はた》」、とも「四如《しじょ》の旗《はた》」ともいう。

疾如風徐如林侵
掠如火不動如山
上下大明神

風林火山《ふうりんかざん》の旗《はた》には、

疾如風　(はやきこと風《かぜ》のごとく)

徐如林　(徐《しず》かなること林《はやし》のごとし)

侵掠如火　(かすめること火《ひ》のごとく)

不動如山　(動《うご》かざること山《やま》のごとし)

この14文字《もじ》が書《か》かれていた。晴信《はるのぶ》ひきいる武田軍団《たけだぐんだん》の戦《たたか》いぶりは、まさにこの言葉《ことば》どおりだった。静《せい》と動《どう》の軍略《ぐんりゃく》である。〔4〕

動《うご》くとなれば、風《かぜ》のようにすばやく行動《こうどう》を起《お》こし、はげしくせめてうばい、ときに応《おう》じて林《はやし》のように静《しず》まりかえり、山《やま》のようにどっしりかまえる。晴信《はるのぶ》はこれこそ、戦《せん》国《ごく》を生《い》きぬく行動《こうどう》の真髄《しんずい》と思《おも》っていた。がむしゃらにせめるだけが戦《たたか》いではない。

軍団《ぐんだん》は佐久郡《さくぐん》を通《とお》って、千曲川《ちくまがわ》に出《で》ようとしたが、北信濃《きたしなの》はまれに見《み》る大雪《おおゆき》だった。

「佐久《さく》を回《まわ》っていては、日数《にっすう》をとられる。道《みち》はけわしいが、大門峠《だいもんとうげ》をこえて行《ゆ》こう。」

むりは承知《しょうち》だったが、雪《ゆき》がとけるまでは待《ま》てない。春《はる》の農作業《のうさぎょう》が始《はじ》まるまえに戦《たたか》いのけりをつけて、農民兵《のうみんへい》を甲斐《かい》に帰《かえ》さねばならないからだ。

雪《ゆき》の大門峠《だいもんとうげ》ごえは、困難《こんなん》をきわめた。標高《ひょうこう》およそ1400メートルもの山《やま》ごえである。

「わしらがなぜ、こんな思《おも》いをさせられねばならんのだ……。」

農民兵《のうみんへい》たちの間《あいだ》から、せつないため息《いき》がもれた。むりな峠《とうげ》ごえは、かれらの体力《たいりょく》ばかりか、たたかう気力《きりょく》もうばいつつあった。

やっとのこと上田原《うえだはら》にたどりついた武田勢《たけだぜい》は、倉升山《くらますやま》のふもとに陣《じん》をしいた。これ

［4］武田氏《たけだし》のいくさについて記録《きろく》した書物《しょもつ》『甲陽軍鑑《こうようぐんかん》』では、「風林火山《ふうりんかざん》」の旗《はた》が使《つか》われるようになったのは1561年《ねん》とされている。

に対《たい》し、村上軍《むらかみぐん》は天白山《てんぱくざん》を背《せ》に陣《じん》をかまえた。むりな峠《とうげ》ごえをしてきた武田勢《たけだぜい》と、手《て》ぐすね引《ひ》いて待《ま》ちかまえていた村上軍《むらかみぐん》とは、おのずとその勢《いきお》いにちがいがあった。まして村上軍《むらかみぐん》は地元《じもと》。上田原一帯《うえだはらいったい》の地形《ちけい》にもくわしい。

決戦《けっせん》の火《ひ》ぶたが切《き》られたのは、2月《がつ》14日《か》である。

第一陣《だいじん》の先鋒《せんぽう》をまかされた板垣信方《いたがきのぶかた》は、3000の隊《たい》をしたがえて、村上軍《むらかみぐん》の先鋒《せんぽう》とはげしくわたりあった。旗指《はたさ》し物《もの》がゆれ、槍《やり》や刀《かたな》がきらめいた。矢《や》を受《う》けた馬《うま》がのけぞる。血《ち》しぶきがとぶ。白一色《しろいっしょく》だった上田原《うえだはら》は、たちまち血《ち》にそまりはじめた。

晴信《はるのぶ》は本陣《ほんじん》から形勢《けいせい》をながめていた。

「まずは互角《ごかく》だ。」

「いいえ、信方《のぶかた》さまがやや優勢《ゆうせい》でしょう。」

勘助《かんすけ》は右手《みぎて》の槍《やり》をまっすぐに立《た》てて、激戦《げきせん》のゆくすえを見守《みまも》っていた。信方《のぶかた》にもしものことがあれば、飯富虎昌《おぶとらまさ》や、小山田備中守《おやまだびっちゅうのかみ》や、武田典厩左馬助信繁《たけだてんきゅうさまのすけのぶしげ》（晴信《はるのぶ》の弟《おとうと》）の陣《じん》がくりだしていく。

勘助《かんすけ》の目《め》にくるいはなかった。半刻《はんとき》もすると、形勢《けいせい》は明《あき》らかに信方《のぶかた》がおしぎみ。晴《はる》信《のぶ》は笑《え》みをもらした。

「さすがはじい。わが武田《たけだ》きってのいくさ上手《じょうず》よ。老《お》いてますます采配《さいはい》がさえていく。たのもしいかぎりだ。見《み》よ、村上勢《むらかみぜい》がたまらずに退《ひ》きはじめたぞ。」

信方《のぶかた》は追撃《ついげき》にかかった。しりぞいていく村上軍《むらかみぐん》は、信方《のぶかた》におされているように見《み》えた。しかし、村上軍《むらかみぐん》はしりぞくと見《み》せかけて、そこにたくみなわなをはっていたのだった。勘助《かんすけ》はさっと、顔色《かおいろ》をかえた。

「信方《のぶかた》さまがあぶない！」

村上軍《むらかみぐん》の先鋒部隊《せんぽうぶたい》を追撃《ついげき》する信方《のぶかた》の第《だい》一陣《じん》の側面《そくめん》に、あらかじめ待機《たいき》していた別動《べつどう》隊《たい》がおそいかかったのである。ふくろのねずみ同然《どうぜん》だった。

「いかん、はかられた！」

晴信《はるのぶ》はただちに第《だい》二陣《じん》をくりだして、信方《のぶかた》を援護《えんご》させにかかった。そのときである。伝令《でんれい》が馬《うま》をとばしてきた。

「板垣信方《いたがきのぶかた》さまが討《う》ち死《じ》になされました！」

「なんと、あのじいが討《う》たれたと申《もう》すか。まさか、あのじいが……。」

晴信《はるのぶ》は耳《みみ》をうたがった。武田軍団《たけだぐんだん》の最高《さいこう》の武将《ぶしょう》として、数知《かずし》れない手柄《てがら》を立《た》ててきただけでなく、晴信《はるのぶ》をこれまでにしてくれた信方《のぶかた》である。だが、いまはなみだしているときではない。

信方《のぶかた》の死《し》に、第一陣《だいいちじん》は敗走《はいそう》しつつあった。村上軍《むらかみぐん》は大《おお》きくくずれた武田勢《たけだぜい》が、陣《じん》を立《た》てなおすひまをあたえずに、主力部隊《しゅりょくぶたい》をくりだしてきた。

「殿《との》、義清《よしきよ》は一気《いっき》にわが本陣《ほんじん》をついてくるつもりです。二陣《じん》と三陣《じん》が食《く》いとめられないときは、本陣《ほんじん》での決戦《けっせん》となりますぞ。」

勘助《かんすけ》の目《め》は血走《ちばし》っていた。村上軍《むらかみぐん》の本隊《ほんたい》は飯富《おぶ》や小山田《おやまだ》や信繁《のぶしげ》の猛攻《もうこう》をあびてひるんだが、乱戦《らんせん》をぬけだした１００騎《き》あまりが、本陣《ほんじん》に向《む》かってくるのが見《み》えた。

「殿《との》、ご用心《ようじん》のほど。」

「わかっている。槍《やり》のさびにしてくれよう。」

晴信《はるのぶ》は大身《おおみ》の槍《やり》をしごいた。本陣《ほんじん》の守《まも》りは、旗本衆《はたもとしゅう》という屈強《くっきょう》な将兵《しょうへい》の一団《いちだん》がかためている。そこに敵《てき》が突入《とつにゅう》してきた。晴信《はるのぶ》はかぶとの緒《お》をしめ、騎上《きじょう》の人《ひと》となった。

全軍死闘《ぜんぐんしとう》の総力戦《そうりょくせん》である。

「推参《すいさん》！」

晴信《はるのぶ》めがけて突入《とつにゅう》してくる1騎《き》があった。若武者《わかむしゃ》だった。晴信《はるのぶ》がくりだした槍《やり》は、その若武者《わかむしゃ》のわきばらをさしつらぬいた。また1騎《き》がつっこんできた。晴信《はるのぶ》はたくみに手綱《たづな》をさばいて体《からだ》をかわすと、太刀《たち》をあびせた。五、六騎《き》はたたきふせた。本陣《ほんじん》に突入《とつにゅう》してきた村上軍《むらかみぐん》のなかに、義清《よしきよ》がいたかどうかはわからない。旗本衆《はたもとしゅう》の働《はたら》きで、敵《てき》は30騎《き》あまりとなってしまった。

「退《ひ》け！」

ひときわみごとなよろいかぶとの武者《むしゃ》がさけんだ。勘助《かんすけ》はその武者《むしゃ》こそ、義清《よしきよ》にちがいないと直感《ちょっかん》した。勘助《かんすけ》は追撃《ついげき》をかけたが、追《お》いきれなかった。

血《ち》なまぐさい上田原《うえだはら》に雪《ゆき》が舞《ま》いはじめていた。両軍《りょうぐん》の死者《ししゃ》は、4000に近《ちか》かった。晴信《はるのぶ》はぶじだったが、槍傷《やりきず》を2か所《しょ》に受《う》けていた。戦場《せんじょう》にのこされた死者《ししゃ》は、村《むら》上軍《かみぐん》3000、武田勢《たけだぜい》1000。

晴信《はるのぶ》は本陣《ほんじん》に諏訪法性《すわほっしょう》と風林火山《ふうりんかざん》の大旗《おおはた》をひるがえらせた。だが、勝《か》ちどきはあがらなかった。葛尾城《かつらおじょう》や戸石城《といしじょう》にもどった村上軍《むらかみぐん》をせめる力《ちから》はのこっていない。大将《たいしょう》の板垣信方《いたがきのぶかた》をはじめ、多《おお》くの将兵《しょうへい》をうしなった晴信《はるのぶ》は、がっくりと肩《かた》を落《お》とした。

初陣以来《ういじんいらい》、はじめての敗戦《はいせん》だった。いまさらのように、むりな峠《とうげ》ごえがくやまれた。甲斐《かい》の国人《こくじん》たちは、この敗戦《はいせん》の責任《せきにん》を追及《ついきゅう》して、晴信《はるのぶ》を見《み》かぎるのではないか。そむいて、はなれていきはすまいか、不平《ふへい》や不満《ふまん》を爆発《ばくはつ》させはしないだろうか……。

晴信《はるのぶ》は心配《しんぱい》を胸《むね》に、府中《ふちゅう》へ引《ひ》きあげた。しかし、晴信《はるのぶ》をむかえた国人《こくじん》たちは、だれひとりそむかなかった。むしろ、いっそう団結《だんけつ》をかたくして、晴信《はるのぶ》をはげましました。

「合戦《かっせん》は時《とき》の運《うん》。一度《いちど》やぶれたくらいでひるんでいてどうします。殿《との》らしくありませんぞ。傷《きず》をいやし、まきかえしをはかればよいではありませんか。」

晴信《はるのぶ》はうなずいた。

「このままでは、じいがうかばれまい。よし、とむらい合戦《がっせん》だ。」

府中《ふちゅう》の外《はず》れにある湯村《ゆむら》の温泉《おんせん》で、槍傷《やりきず》をいやした晴信《はるのぶ》は、気力《きりょく》もすっかり回復《かいふく》させた。戦力《せんりょく》もととのえなおした。

いっぽう、武田勢《たけだぜい》をしりぞけた村上義清《むらかみよしきよ》は、松本《まつもと》の小笠原長時《おがさわらながとき》とはかって、佐久《さく》や諏訪《すわ》地方《ちほう》の豪族《ごうぞく》をそそのかし、つぎつぎに戦乱《せんらん》を起《お》こした。晴信《はるのぶ》をあなどっての行動《こうどう》である。

この年《とし》の7月《がつ》。諏訪《すわ》から急使《きゅうし》があった。

「小笠原勢《おがさわらぜい》が侵入《しんにゅう》してきています。」

「よし、けちらしてやる!」

晴信《はるのぶ》はふたたび出陣《しゅつじん》した。諏訪《すわ》の城《しろ》は、板垣信方《いたがきのぶかた》の子《こ》、信里《のぶさと》があずかっている。武田軍団《たけだぐんだん》がせまると、小笠原勢《おがさわらぜい》はいち早《はや》く松本方面《まつもとほうめん》にしりぞきはじめた。決戦《けっせん》は、塩尻峠《しおじりとうげ》でくりひろげられ、晴信《はるのぶ》はものの見事ごとに勝《か》った。

それから2年《ねん》。村上義清《むらかみよしきよ》に味方《みかた》していた佐久《さく》の豪族《ごうぞく》たちを支配下《しはいか》につけた晴信《はるのぶ》は、いよいよ小笠原長時《おがさわらながとき》が立《た》てこもる松本《まつもと》の林城《はやしじょう》をせめた。長時《ながとき》は命《いのち》からがら、村上義清《むらかみよしきよ》をたよって葛尾城《かつらおじょう》へのがれた。

晴信《はるのぶ》は葛尾《かつらお》へ軍《ぐん》をまわしたが、義清《よしきよ》が葛尾城《かつらおじょう》ではなく、上田《うえだ》の戸石城《といしじょう》にいることを知《し》って、大軍《たいぐん》でこれをとりかこんだ。だが、けわしい断崖《だんがい》の上《うえ》にそびえる戸石城《といしじょう》の守《まも》りはかたかった。武田勢《たけだぜい》の死者《ししゃ》は1000人《にん》をこえ、負傷者《ふしょうしゃ》も2000人《にん》あまりにのぼったため、晴信《はるのぶ》はまたも甲斐《かい》に引《ひ》きあげなければならなかった。

こうしてさんざん晴信《はるのぶ》を手《て》こずらせた戸石城《といしじょう》も、あくる天文《てんぶん》20（1551）年《ねん》の5月《がつ》に、真田幸隆《さなだゆきたか》の手《て》で落《お》とされ、さらに2年後《ねんご》には葛尾城《かつらおじょう》も晴信《はるのぶ》の手《て》に落《お》ちた。真田幸隆《さなだゆきたか》はもともと村上義清《むらかみよしきよ》の配下《はいか》だったが、いまは武田方《たけだがた》に属《ぞく》して、めざましい働《はたら》きをしていた。戸石城《といしじょう》が手《て》に落《お》ちたとき、晴信《はるのぶ》は31歳《さい》。すでに人生《じんせい》もなかばをすぎていた。

城《しろ》も領地《りょうち》もうばわれた村上義清《むらかみよしきよ》は、越後《えちご》（現在《げんざい》の新潟県《にいがたけん》）に落《お》ちのびて、長尾景虎《ながおかげとら》（のちの上杉謙信《うえすぎけんしん》）に保護《ほご》と援助《えんじょ》をたのんだ。

3 上洛《じょうらく》を目指《めざ》して

決戦《けっせん》、川中島《かわなかじま》

村上義清《むらかみよしきよ》や小笠原長時《おがさわらながとき》がしぶとく武田方《たけだがた》を向《む》こうにまわしているうちは、武田晴信《たけだはるのぶ》と長尾景虎《ながおかげとら》が直接《ちょくせつ》にらみあうことはなかったが、武田軍団《たけだぐんだん》が葛尾城《かつらおじょう》をとったことによって、情勢《じょうせい》はがらりとかわってきた。

北信《ほくしん》（北信濃《きたしなの》）と越後《えちご》は、目《め》と鼻《はな》の先《さき》である。その北信《ほくしん》まで手《て》に入《い》れた晴信《はるのぶ》の動《うご》きを、景虎《かげとら》がだまって見《み》すごしているはずはなかった。越後《えちご》の安全《あんぜん》がおびやかされるからだ。

「景虎《かげとら》は義清《よしきよ》たちの領地《りょうち》をうばいかえして、かれらの手《て》にもどしあたえるという名目《めいもく》で、かならず出陣《しゅつじん》してこよう。北信《ほくしん》がふたたび義清《よしきよ》たちの手《て》にもどれば、信濃《しなの》と越後《えちご》の国《くに》ざかいがかためられ、景虎《かげとら》は安心《あんしん》して北陸《ほくりく》や関東《かんとう》を目指《めざ》せる。」

晴信《はるのぶ》は葛尾城《かつらおじょう》を落《お》とすまえから、そう判断《はんだん》していた。景虎《かげとら》の越後勢《えちごぜい》との激突《げきとつ》はさけられない。そこでことが起《お》こるまえに、以前《いぜん》から考《かんが》えていた今川《いまがわ》・北条《ほうじょう》・武田《たけだ》の三国《さんごく》同盟《どうめい》を実現《じつげん》させることで、景虎《かげとら》の動《うご》きにそなえようとした。

晴信《はるのぶ》はまず、今川義元《いまがわよしもと》に同盟《どうめい》の強化《きょうか》をもちかけた。それというのも、義元《よしもと》の正室《せいしつ》になっていた晴信《はるのぶ》の姉《あね》が死《し》んで、武田《たけだ》と今川《いまがわ》は血《ち》のつながりがたたれてしまっていたからだった。

「武田《たけだ》の嫡男《ちゃくなん》（あとつぎ）、太郎義信《たろうよしのぶ》に、義元《よしもと》どのの姫《ひめ》をもらいうけたい。」

晴信《はるのぶ》の申《もう》し出《で》を受《う》けて、義元《よしもと》はこころよく、この縁組《えんぐ》みに応《おう》じた。太郎義信《たろうよしのぶ》も義元《よしもと》の姫《ひめ》も、ともに15歳《さい》だった。天文《てんぶん》21（1552）年《ねん》に義信《よしのぶ》の婚儀《こんぎ》をととのわせた晴信《はるのぶ》は、義元《よしもと》に仕《つか》える僧《そう》の太原崇孚《たいげんすうふ》（雪斎《せっさい》）を、相模《さがみ》の北条氏康《ほうじょううじやす》のもとに送《おく》って、同盟《どうめい》のあっせんをたのんだ。崇孚《すうふ》は今川家《いまがわけ》の軍師《ぐんし》のひとりである。

「同盟《どうめい》の手《て》だてとしまして、氏康《うじやす》さまのご嫡男氏政《ちゃくなんうじまさ》ぎみと、晴信《はるのぶ》さまの娘《むすめ》ごをめあわせたくぞんじます。そして今川《いまがわ》とは、義元《よしもと》さまのご嫡男《ちゃくなん》氏真《うじざね》ぎみに、氏康《うじやす》さまの姫《ひめ》ぎみをめあわせてはとぞんじますが、いかがにございましょう。」

北条氏康《ほうじょううじやす》は納得《なっとく》した。

「それはよく考《かんが》えたものだ。3国《ごく》がたがいに親戚《しんせき》づき合《あ》いをすることで、より有利《ゆうり》にことが運《はこ》べる。今川家《いまがわけ》は三河《みかわ》や尾張《おわり》に、武田家《たけだけ》は信濃《しなの》から越後《えちご》への道《みち》が開《ひら》け、わが北条《ほうじょう》は関東《かんとう》での戦《たたか》いに打《う》ちこめるというもの。めでたいかぎりじゃ。」

こうして、武田家《たけだけ》と北条家《ほうじょうけ》の縁組《えんぐ》みもととのったが、実現《じつげん》を見《み》たのは2年後《ねんご》の天文《てんぶん》23（1554）年《ねん》である。縁組《えんぐ》みがまとまった直後《ちょくご》、景虎《かげとら》が動《うご》きだしたため、婚礼《こんれい》どころではなかった。

景虎《かげとら》の越後勢《えちごぜい》は、天文《てんぶん》22（1553）年《ねん》の4月《がつ》、村上義清《むらかみよしきよ》や北信《ほくしん》の小豪族《しょうごうぞく》のたのみを聞《き》きいれ、善光寺平《ぜんこうじだいら》を分《わ》ける川中島《かわなかじま》に、5000の大軍《たいぐん》をくりだしてきた。

「やはり景虎《かげとら》のやつめ、思《おも》ったとおりだ。」

晴信《はるのぶ》は軍《ぐん》を府中《ふちゅう》から諏訪《すわ》へ直行《ちょっこう》させるためにつくらせた棒道《ぼうみち》を北《きた》に進《すす》んだ。棒道《ぼうみち》は合戦《かっせん》のための軍用道路《ぐんようどうろ》で、その名《な》のとおり、まっすぐにのびていた。

景虎《かげとら》は川中島《かわなかじま》をこえて、更級《さらしな》の八幡社《はちまんしゃ》の付近《ふきん》で、武田軍団《たけだぐんだん》をむかえうった。越後勢《えちごぜい》の攻撃《こうげき》はすさまじかった。形勢《けいせい》は明《あき》らかだった。武田方《たけだがた》がおされている。ぎせい者《しゃ》はふえるばかりだった。

晴信《はるのぶ》はまよった。ぎせいに目《め》をつぶってもここで一気《いっき》に勝敗《しょうはい》を決《けっ》するまで、とことんたたかうか。それとも、損害《そんがい》が大《おお》きくならないうちに、いったんしりぞいてまきかえしをはかるかである。

「殿《との》、景虎《かげとら》はこの合戦《かっせん》でしとめられるほど、なまやさしい相手《あいて》ではありません。これから、殿《との》の好敵手《こうてきしゅ》として、幾年《いくねん》もたたかっていく相手《あいて》。この場《ば》はいさぎよくしりぞくほうがよいでしょう。それはけっして、不名誉《ふめいよ》なことではありません。」

山本勘助《やまもとかんすけ》がすすめた。敗北《はいぼく》といっても、決定的《けっていてき》なものではない。晴信《はるのぶ》は兵《へい》を引《ひ》いた。意地《いじ》や面目《めんぼく》にこだわって不利《ふり》な戦《たたか》いをむりにつづけていたら、戦力《せんりょく》の回復《かいふく》に何年《なんねん》もかかってしまう。府中《ふちゅう》にもどった晴信《はるのぶ》は、軍《ぐん》を立《た》てなおして、8月《がつ》のうちに小県郡《ちいさがたぐん》に出陣《しゅつじん》すると、塩田城《しおだじょう》（現在《げんざい》の長野県上田市《ながのけんうえだし》）を落《お》とした勢《いきお》いにのって、更級郡《さらしなぐん》の布施《ふせ》で越後勢《えちごぜい》と激戦《げきせん》をくりひろげた。

今度《こんど》は、もののみごとに勝《か》った。大勝《たいしょう》といってよかった。武田軍団《たけだぐんだん》は筑摩郡《ちくまぐん》や埴科郡《はにしなぐん》にもせめこんで、ほこらかにがいせんした。

翌天文《よくてんぶん》23（1554）年《ねん》に下伊那一帯《しもいないったい》を平定《へいてい》した晴信《はるのぶ》は、北条氏政《ほうじょううじまさ》に娘《むすめ》をとつがせた。そのお供《とも》は、騎馬《きば》3000。人数《にんずう》は1万人《まんにん》におよぶ大行列《だいぎょうれつ》である。

婚礼《こんれい》をぶじにすませてほっとしたのもつかのまだった。弘治《こうじ》1（1555）年《ねん》の7月《がつ》、またも川中島《かわなかじま》で越後軍《えちごぐん》とぶつかりあった。武田勢《たけだぜい》は300丁《ちょう》の鉄砲《てっぽう》で越後勢《えちごぜい》をおびやかしたが、4か月《げつ》たっても勝敗《しょうはい》はつかない。両軍《りょうぐん》とも小《こ》ぜり合《あ》いを交《まじ》えはしたが、兵《へい》を引《ひ》いた。

景虎《かげとら》も晴信《はるのぶ》との戦《たたか》いが長期《ちょうき》にわたることを覚悟《かくご》していたから、けっしてむりをしなかった。

川中島《かわなかじま》から兵《へい》を引《ひ》いた晴信《はるのぶ》は、塩尻峠《しおじりとうげ》をこえて、木曾路《きそじ》になだれこんだ。晴信《はるのぶ》の電《でん》光石火《こうせっか》の行動《こうどう》の前《まえ》に、木曾福島《きそふくしま》の城主《じょうしゅ》木曾義康《きそよしやす》と義昌《よしまさ》は、20日《はつか》あまりもちこたえるのがやっとだった。

木曾方《きそがた》は城《しろ》を明《あ》け、

「今後《こんご》いっさい、手《て》むかいはいたしませんゆえ、なにとぞおゆるしください。」

と、申《もう》しでた。

「よかろう。わが武田《たけだ》とて、いたずらに戦《たたか》いをのぞんでいるわけではない。申《もう》し出《で》にはよろこんで応《おう》じよう。どうだ、武田《たけだ》と木曾《きそ》がたたかわないよう、親戚《しんせき》になろうではないか。わしの娘《むすめ》を、義昌《よしまさ》にやってもよいぞ。」

この話《はなし》をととのえた晴信《はるのぶ》は、三女《じょ》を義昌《よしまさ》にとつがせると、木曾《きそ》氏《し》をご親類衆《しんるいしゅう》の一員《いちいん》にむかえるなど、手厚《てあつ》いあつかいをした。木曾《きそ》一族《いちぞく》が感激《かんげき》したことは、いうまでもないだろう。

この年《とし》、今川義元《いまがわよしもと》が調停《ちょうてい》にのりだしたこともあって、長尾景虎《ながおかげとら》と晴信《はるのぶ》は川中島《かわなかじま》から兵《へい》を引《ひ》きあげたが、弘治《こうじ》3（1557）年《ねん》の8月《がつ》、両軍《りょうぐん》はまたも川中島《かわなかじま》をはさんで、

3度目《どめ》の対陣《たいじん》をした。川中島《かわなかじま》の北方《ほっぽう》にある善光寺《ぜんこうじ》を手《て》におさめた武田方《たけだがた》が、寺《てら》の大事《だいじ》な仏像《ぶつぞう》を持《も》ちさったことに怒《いか》り心頭《しんとう》の景虎《かげとら》だったが、大《おお》がかりな合戦《かっせん》にはならなかった。

将軍足利義輝《しょうぐんあしかがよしてる》の信頼《しんらい》があつかった景虎《かげとら》は、すでに4年《ねん》まえ、京《きょう》にのぼって義輝《よしてる》にあいさつをしていた。景虎《かげとら》の夢《ゆめ》も、将軍《しょうぐん》を助《たす》けて天下《てんか》にその名《な》をとどろかせるような大《おお》きな大名《だいみょう》になることだったから、兵力《へいりょく》のたくわえが必要《ひつよう》になっている。勝機《しょうき》のおとずれるのを待《ま》って、むりな合戦《かっせん》はしかけないようにしていた。

3度目《どめ》の川中島《かわなかじま》から引《ひ》きあげた晴信《はるのぶ》は、うれしい知《し》らせに、顔《かお》をほころばせた。御勅使川《みだいがわ》の分流《ぶんりゅう》と、釜無川《かまなしがわ》の堤防《ていぼう》がほぼ完成《かんせい》したというのである。

「さっそく行《い》って、みなの苦労《くろう》をねぎらってこよう。」

思《おも》えば、16年《ねん》にわたる大工事《だいこうじ》だった。それも戦乱《せんらん》に明《あ》けくれ、領土《りょうど》を他国《たこく》に広《ひろ》げていくさなかの16年《ねん》である。晴信《はるのぶ》は感慨《かんがい》ひとしおのものがあった。のちに「信玄堤《しんげんづつみ》」とよばれて、いまもその一部《いちぶ》がのこされている晴信《はるのぶ》の治水工事《ちすいこうじ》は、江戸時代《えどじだい》の治水法《ちすいほう》にも甲州流《こうしゅうりゅう》の名《な》で広《ひろ》められるほど、すぐれた技術《ぎじゅつ》が用《もち》いられていた。

「よくぞやってくれた。ここに新《あたら》しい村《むら》をつくって、田畑《たはた》を切《き》りひらき、堤防《ていぼう》の守《まも》りをしてもらおう。移住《いじゅう》する領民《りょうみん》からは、税金《ぜいきん》をとうぶん免除《めんじょ》しよう。」

こうしてできたのがいまの甲斐市《かいし》で、堤防《ていぼう》はのべ3キロメートルにおよぼうとしていた。

長《なが》いあいだの念願《ねんがん》をはたした晴信《はるのぶ》は、思《おも》うところあって、臨済宗恵林寺《りんざいしゅうえりんじ》の快川和尚《かいせんおしょう》(快川紹喜《かいせんじょうき》)にたのんだ。

「戦国乱世《せんごくらんせい》は非情《ひじょう》、無情《むじょう》。心《こころ》のやすらぐときがありません。どうか、仏《ほとけ》の道《みち》にみちびいてください。頭《あたま》をそって、僧《そう》になりたいのです。」

父信虎《ちちのぶとら》を追放《ついほう》したこと、諏訪頼重《すわよりしげ》を討《う》ったこと、政略結婚《せいりゃくけっこん》で他国《たこく》へ行《い》った娘《むすめ》たちのこと……。心《こころ》のわだかまりを数《かぞ》えあげればきりがなかった。

「仏《ほとけ》に仕《つか》え、仏《ほとけ》の教《おし》えにしたがえば、だれもがすくわれます。法名《ほうみょう》をおさずけしましょう。法性院機山信玄《ほっしょういんきざんしんげん》——。」

「かたじけない。信玄《しんげん》とはよい名《な》じゃ。」

晴信《はるのぶ》は快川和尚《かいせんおしょう》の手《て》で、頭《あたま》をそってもらい、法衣《ほうえ》をまとうようになった。ちなみに快川和尚《かいせんおしょう》は、信玄《しんげん》なきあと、甲斐《かい》に侵入《しんにゅう》した織田信長《おだのぶなが》が恵林寺《えりんじ》に火《ひ》をかけたとき、「心頭《しんとう》を滅却《めっきゃく》すれば火《ひ》もまた涼《すず》し。」の名言《めいげん》をのこしたことでも知《し》られている。

晴信《はるのぶ》が信玄《しんげん》と名乗《なの》りをかえた翌永禄《よくえいろく》3（1560）年《ねん》、大事件《だいじけん》が起《お》こった。東海地《とうかいち》方《ほう》すべてを自分《じぶん》のものにしてしまおうという野望《やぼう》をひめて、今川義元《いまがわよしもと》は2万《まん》5000の大軍《たいぐん》をひきいて、信長《のぶなが》の領地《りょうち》である尾張《おわり》にせめこんだ。その義元《よしもと》が5月《がつ》19日《にち》に、桶《おけ》狭間《はざま》で尾張《おわり》の織田信長《おだのぶなが》の急襲《きゅうしゅう》をあびて、あえない最期《さいご》をとげてしまったのである。

この結果《けっか》、今川家《いまがわけ》の人質《ひとじち》になっていた松平元康《まつだいらもとやす》（のちの徳川家康《とくがわいえやす》）は、三河《みかわ》に帰《かえ》って独立《どくりつ》した。そして、元康《もとやす》はいち早《はや》く信長《のぶなが》と同盟《どうめい》をむすんだ。今川義元《いまがわよしもと》の嫡男《ちゃくなん》の氏真《うじざね》は、信玄《しんげん》の姉《あね》との間《あいだ》にできた子《こ》だが、武芸《ぶげい》のたしなみがなく、義元《よしもと》のかたき信長《のぶなが》を討《う》とうとはしなかった。今川家《いまがわけ》の没落《ぼつらく》の始《はじ》まりである。

今川義元《いまがわよしもと》の死《し》は、戦国《せんごく》の勢力図《せいりょくず》をぬりかえたが、越後《えちご》の景虎《かげとら》もこの風雲《ふううん》に乗《じょう》じて、関東《かんとう》に進出《しんしゅつ》すると、翌永禄《よくえいろく》4（1561）年《ねん》の3月《がつ》に北条《ほうじょう》の本拠地《ほんきょち》、小田原《おだわら》をとりかこんだ。

関東管領《かんとうかんれい》の上杉憲政《うえすぎのりまさ》の養子《ようし》となっていた景虎《かげとら》は、実績《じっせき》を買《か》われて、関東管領《かんとうかんれい》の職《しょく》を受《う》けつぐとともに、憲政《のりまさ》から1字《じ》もらいうけて政虎《まさとら》と名《な》をかえた。［1］

小田原《おだわら》から兵《へい》を引《ひ》きあげた政虎《まさとら》は、いったん越後《えちご》へもどり、そのあと1万《まん》3000の大軍《たいぐん》を、川中島《かわなかじま》へ向《む》かわせ、川中島南方《かわなかじまなんぽう》の妻女山《さいじょさん》の山城《やまじろ》に陣《じん》をかまえた。

「これで四《よ》たび目《め》の川中島《かわなかじま》。今度《こんど》という今度《こんど》は、信玄《しんげん》めの首《くび》をあげずにおくものか。」

政虎《まさとら》の動《うご》きを知《し》った信玄《しんげん》も、これまでになく2万《まん》の大軍《たいぐん》で川中島《かわなかじま》へ急行《きゅうこう》した。

信玄《しんげん》はこのとき、妻女山《さいじょさん》の東《ひがし》の海津城《かいづじょう》を高坂昌信《こうさかまさのぶ》（春日源五郎《かすがげんごろう》）に守《まも》らせていたため、妻女山《さいじょさん》をはさんで西側《にしがわ》の茶臼山《ちゃうすやま》に陣《じん》をかまえて、越後勢《えちごぜい》とにらみあった。

「この合戦《かっせん》、われら武田《たけだ》のものだ。政虎《まさとら》にはあせりがある。村上義清《むらかみよしきよ》たちに、領地《りょうち》をうばいかえしてやると約束《やくそく》しながら、それがまったくはたせていない。だから今回《こんかい》はどうしても、北信《ほくしん》の領地《りょうち》がほしいのだろう。」

信玄《しんげん》にはよゆうがあった。

越後勢《えちごぜい》の立《た》てこもる妻女山《さいじょさん》が、標高《ひょうこう》500メートルをこえているのに対《たい》し、海津城《かいづじょう》も茶臼山《ちゃうすやま》の陣《じん》もその目《め》の下《した》にあった。見通《みとお》しはきくが、高《たか》いところにあるだけに、越後勢《えちごぜい》には初冬《しょとう》の寒《さむ》さがこたえた。にらみ合《あ》いが長引《ながび》けば、雪《ゆき》のために越後《えちご》への帰国《きこく》の道《みち》がとざされてしまう。すでに9月《がつ》。いまの暦《こよみ》では10月下旬《がつげじゅん》である。

信玄《しんげん》は決戦《けっせん》を前《まえ》に、茶臼山《ちゃうすやま》の軍《ぐん》を海津城《かいづじょう》に入《い》れた。9月9日《がつここのか》の夜《よる》のことだった。武田方《たけだがた》は勘助《かんすけ》の作戦《さくせん》によって、軍《ぐん》を1万《まん》2000と8000に分《わ》け、別動隊《べつどうたい》の1万《まん》2000が妻女山《さいじょさん》をせめ、越後勢《えちごぜい》がたまらず下山《げざん》して川中島《かわなかじま》に出《で》てくるところを海津城《かいづじょう》から出《で》た8000の兵《へい》がむかえうつことにした。さそいだしのキツツキ戦法《せんぽう》である。

[1] 上杉憲政《うえすぎのりまさ》は、北条氏《ほうじょうし》の圧迫《あっぱく》にたえかねて、越後《えちご》の景虎《かげとら》のもとににげてきた。そのとき景虎《かげとら》が憲政《のりまさ》を温《あたた》かくむかえたため、感動《かんどう》した憲政《のりまさ》は、景虎《かげとら》を自分《じぶん》の養子《ようし》にして関東管領《かんとうかんれい》の職《しょく》をゆずった。

いっぽう、海津城《かいづじょう》をながめた政虎《まさとら》は、幾筋《いくすじ》ものぼる炊事《すいじ》のけむりに、

「武田勢《たけだぜい》は今夜《こんや》、夜襲《やしゅう》をかけてくるにちがいない。よし、裏《うら》をかいて全員《ぜんいん》を下山《げざん》させ、海津城《かいづじょう》の信玄《しんげん》におそいかかろう。城《しろ》は手《て》うすのはず。」

と、判断《はんだん》した。

政虎《まさとら》はその夜《よ》、川霧《かわぎり》が立《た》ちこめる千曲川《ちくまがわ》をわたって、ひたひたと海津城《かいづじょう》を目指《めざ》した。海津城《かいづじょう》から出《で》てくる信玄《しんげん》を待《ま》ちぶせしたのである。

武田軍《たけだぐん》の作戦《さくせん》はみごとはぐらかされた。別動隊《べつどうたい》が妻女山《さいじょさん》にたどりつくと越後勢《えちごぜい》がもぬけのからになっている。するとそのとき、川中島《かわなかじま》で合戦《かっせん》の火《ひ》ぶたが切《き》られた。

「政虎《まさとら》めにはかられたぞ！　8000の本隊《ほんたい》があぶない！」

1万《まん》2000の別動隊《べつどうたい》は、妻女山《さいじょさん》をかけくだって、乱戦《らんせん》のまっただなかに突入《とつにゅう》していった。おりから、夜《よ》が明《あ》けてきた。すさまじい死闘《しとう》がくりひろげられた。軍師《ぐんし》で足軽大将《あしがるたいしょう》の山本勘助《やまもとかんすけ》が死《し》んだ。信玄《しんげん》の弟《おとうと》、信繁《のぶしげ》も死《し》んだ。

信玄《しんげん》が本陣《ほんじん》に腰《こし》をおろして勝敗《しょうはい》の行方《ゆくえ》を見《み》さだめていると、月毛《つきげ》の馬《うま》にまたがった

武者《むしゃ》が太刀《たち》をふりかざして、信玄《しんげん》に切《き》りつけてきた。政虎《まさとら》だった。信玄《しんげん》は手《て》にしていた軍扇《ぐんせん》で政虎《まさとら》の太刀《たち》を受《う》けとめて難《なん》をのがれたという。

決戦《けっせん》は10日《とおか》の午後《ごご》3時《じ》ごろになってようやく終《お》わった。川中島《かわなかじま》には両軍《りょうぐん》合《あ》わせて、7000をこえる将兵《しょうへい》がしかばねをさらしていた。勝《か》ちどきは両軍《りょうぐん》からあがったが、越後勢《えちごぜい》は信玄《しんげん》の本陣《ほんじん》をやぶれなかったし、村上義清《むらかみよしきよ》の領地《りょうち》もうばいかえせなかった。決戦《けっせん》の前半《ぜんはん》は越後勢《えちごぜい》が優勢《ゆうせい》で、後半《こうはん》は武田方《たけだがた》がもりかえしたため、五分《ぶ》と五分《ぶ》と見《み》るのが公平《こうへい》なところだろう。

いずれにしても5回《かい》にわたる川中島合戦《かわなかじまかっせん》のうち、最大《さいだい》の激突《げきとつ》だった。だが、政虎《まさとら》と信玄《しんげん》の一騎討《いっきう》ちが、事実《じじつ》であったかどうかはたしかめられていない。

開《ひら》けてきた京《きょう》への道《みち》

竜虎相打《りゅうこあいう》つ川中島《かわなかじま》の一騎討《いっきう》ちによって、武田《たけだ》も上杉《うえすぎ》も大《おお》きなぎせいをはらったが、将軍足利義輝《しょうぐんあしかがよしてる》は政虎《まさとら》の手柄《てがら》をほめて、「輝《てる》」の1字《じ》をおくった。そこで政虎《まさとら》はこの年《とし》のうちに、名《な》を輝虎《てるとら》とあらためた。わずか1年《ねん》のあいだに、のちの上杉謙信《うえすぎけんしん》は、景虎《かげとら》、政虎《まさとら》、輝虎《てるとら》と、めまぐるしく名《な》をあらためたことになる。

「将軍《しょうぐん》にほめられたところで、どれほどのことがあろう。輝虎《てるとら》は信濃《しなの》に領地《りょうち》を広《ひろ》げることはできていない。わがほうは勘助《かんすけ》や信繁《のぶしげ》をうしないはしたが、善光寺平《ぜんこうじだいら》をすっかりおさえた。今川義元《いまがわよしもと》が信長《のぶなが》に討《う》たれたいま、今川《いまがわ》の領地《りょうち》をわれわれが手《て》に入《い》れることもできるだろう。だが、甲斐《かい》を留守《るす》にすれば、輝虎《てるとら》めが信濃《しなの》にせめいってくる。」

信玄《しんげん》はそこで、同盟《どうめい》している北条《ほうじょう》とともに、関東《かんとう》の上杉勢《うえすぎぜい》をせめたてて、輝虎《てるとら》を越後《えちご》にとじこめる作戦《さくせん》を練《ね》りあげると、永禄《えいろく》5（1562）年《ねん》の秋《あき》、上野《こうずけ》（現在《げんざい》の群馬《ぐんま》県《けん》）に侵入《しんにゅう》した。

輝虎《てるとら》の配下《はいか》、小幡景貞《おばたかげさだ》が守《まも》る西上野《にしこうずけ》の国峰城《くにみねじょう》を落《お》とした信玄《しんげん》は、その足《あし》で武蔵《むさし》の松山城《まつやまじょう》（現在《げんざい》の埼玉県比企郡吉見町《さいたまけんひきぐんよしみまち》）に攻撃《こうげき》をかけた。城主《じょうしゅ》の上杉憲勝《うえすぎのりかつ》はよく守《まも》りぬいていたが、永禄《えいろく》6（1563）年《ねん》の2月4日《がつよっか》に、信玄《しんげん》はとっておきの作戦《さくせん》をとった。

甲斐《かい》からつれてきた金山衆《かなやましゅう》（鉱山《こうざん》ではたらく人々《ひとびと》）を使《つか》って城《しろ》の石垣《いしがき》に穴《あな》を開《あ》けさせ、そこに爆薬《ばくやく》をしかけて石垣《いしがき》をくずしたのである。そこに総攻撃《そうこうげき》をかけられたのだからたまらない。上杉憲勝《うえすぎのりかつ》は降伏《こうふく》するほかなかった。信玄《しんげん》はこの合戦《かっせん》に、18歳《さい》の四郎《しろう》勝頼《かつより》を初陣《ういじん》させている。

急《きゅう》を聞《き》いて輝虎《てるとら》がかけつけると、武田《たけだ》・北条《ほうじょう》の連合軍《れんごうぐん》はすでに引《ひ》きあげたあと。関東管領《かんとうかんれい》の輝虎《てるとら》の面目《めんぼく》はまるつぶれだった。

甲斐《かい》にもどった信玄《しんげん》は、さらに越後《えちご》の輝虎《てるとら》にゆさぶりをかけた。越中《えっちゅう》（現在《げんざい》の富山《とやま》県《けん》）や越後《えちご》に多《おお》い一向宗《いっこうしゅう》（仏教《ぶっきょう》の宗派《しゅうは》。浄土真宗《じょうどしんしゅう》ともいう）の信徒《しんと》を動員《どういん》して、一揆《いっき》を起《お》こさせたのである。信玄《しんげん》にそれができたのは、一向宗《いっこうしゅう》の本山《ほんざん》である摂津《せっつ》（現在《げんざい》の大《おお》阪市《さかし》）の大坂本願寺《おおさかほんがんじ》（のちの石山本願寺《いしやまほんがんじ》）の法主顕如《ほっすけんにょ》に、妻《つま》の妹《いもうと》がとついでいるからだった。顕如《けんにょ》をうながして一向宗《いっこうしゅう》の信徒《しんと》に一揆《いっき》を起《お》こさせる作戦《さくせん》は、3年《ねん》まえからとられていた。越後《えちご》に一向一揆《いっこういっき》が起《お》これば、輝虎《てるとら》は関東《かんとう》にとどまってはいられない。そのつど、一揆《いっき》をおさえるために、越後《えちご》にかけつけなくてはならなかった。すると、そこにまた武田《たけだ》・北条連合軍《ほうじょうれんごうぐん》の上野侵入《こうずけしんにゅう》である。

松山城《まつやまじょう》を落《お》とした年《とし》の秋《あき》、信玄《しんげん》はみずから総大将《そうだいしょう》として出陣《しゅつじん》して、上杉氏《うえすぎし》の拠点《きょてん》のひとつ、倉賀野城《くらがのじょう》（現在《げんざい》の群馬県高崎市《ぐんまけんたかさきし》）をせめ、もどる途中《とちゅう》、岩櫃城《いわびつじょう》（現在《げんざい》の群馬県吾妻郡《ぐんまけんあがつまぐん》）を落《お》とした。まさに、神出鬼没《しんしゅつきぼつ》だった。

信玄《しんげん》は上野《こうずけ》への侵入《しんにゅう》をくりかえすいっぽう、飛驒《ひだ》（現在《げんざい》の岐阜県《ぎふけん》の一部《いちぶ》）へも侵入《しんにゅう》するなど、その攻撃《こうげき》はとどまることを知《し》らなかった。

輝虎《てるとら》はこれを食《く》いとめようと、5度目《どめ》の川中島《かわなかじま》へのぞんだ。永禄《えいろく》7（1564）年《ねん》6月《がつ》のことである。出陣《しゅつじん》にさきがけ、輝虎《てるとら》は越後《えちご》の弥彦神社《やひこじんじゃ》に願《がん》をかけた。

「この輝虎《てるとら》、ものごとの筋目《すじめ》を守《まも》って、正義《せいぎ》のための戦《たたか》いをしています。けっしてまちがった戦《たたか》いはしていません。なにとぞ、神《かみ》のお力《ちから》によって、勝利《しょうり》におみちびきください。」

輝虎《てるとら》は人《ひと》の筋道《すじみち》を大切《たいせつ》にする正義《せいぎ》の人《ひと》で、筋目《すじめ》をつらぬく戦《たたか》いをしてきていた。神仏《しんぶつ》をたっとび、一生《いっしょう》、女性《じょせい》を近《ちか》づけなかった。戦《たたか》いぶりも正面《しょうめん》から正々堂々《せいせいどうどう》としかけ、だまし討《う》ちがきらいだった。勇猛果敢《ゆうもうかかん》なことでは、数《かず》ある戦国《せんごく》の武将《ぶしょう》のなかでも、筆頭《ひっとう》にあげられるだろう。

だが、信玄《しんげん》は勝《か》つためなら、考《かんが》えられるあらゆる手段《しゅだん》を使《つか》った。そして、本国《ほんごく》の甲斐《かい》の3倍《ばい》もある信濃《しなの》全土《ぜんど》を手《て》におさめたいま、さらに上野《こうずけ》や飛騨《ひだ》はおろか、今川《いまがわ》の領地《りょうち》の駿河《するが》をもうかがっていた。

弥彦神社《やひこじんじゃ》に願《がん》をかけた輝虎《てるとら》は、春日山城《かすがやまじょう》（現在《げんざい》の新潟県上越市《にいがたけんじょうえつし》）の春日神社《かすがじんじゃ》へまわって、「武田晴信悪行《たけだはるのぶあくぎょう》のこと」という願《ねが》い文《ぶみ》をおさめている。信玄《しんげん》が各地《かくち》の由緒《ゆいしょ》ある神社《じんじゃ》をおとろえさせたことや、父信虎《ちちのぶとら》を追放《ついほう》したことなど、かれの悪《わる》い行《おこな》いを6つにわたってとりあげ、

「今度《こんど》の合戦《かっせん》で、このように行《おこな》いの悪《わる》い信玄《しんげん》を討《う》たせてくだされば、じゅうぶんなお礼《れい》をさせていただきます。」

と、ちかった。

かくして、輝虎《てるとら》は川中島《かわなかじま》に陣《じん》をはった。8月《がつ》のことである。千曲川《ちくまがわ》をはさんで、信《しん》

玄《げん》も陣《じん》をかまえた。しかし、にらみあうこと60日《にち》。両軍《りょうぐん》はついに、合戦《かっせん》を交《まじ》えることなく兵《へい》を引《ひ》きあげた。たたかえば、3年《ねん》まえの大決戦《だいけっせん》のときにもまして兵《へい》をうしない、両軍《りょうぐん》とも二度《にど》と立《た》ちあがれないほどの痛手《いたで》を受《う》けるからだ。

12年《ねん》にわたる川中島《かわなかじま》の戦《たたか》いにピリオドが打《う》たれると、信玄《しんげん》はあくる永禄《えいろく》8（1565）年《ねん》にまたも上野《こうずけ》に侵入《しんにゅう》して、倉賀野城《くらがのじょう》におそいかかった。城主《じょうしゅ》、倉賀野直行《くらがのなおゆき》をとらえた信玄《しんげん》は、城《しろ》にのこっていた300人《にん》あまりの兵《へい》をゆるすことなく切《き》らせたともいわれている。しかし、戦場《せんじょう》をかけめぐるだけが戦《たたか》いではない。

信玄《しんげん》はこの年《とし》、信長《のぶなが》と手《て》をむすんだ。四郎勝頼《しろうかつより》に、信長《のぶなが》の養女《ようじょ》を妻《つま》としてむかえさせたのである。信長《のぶなが》の養女《ようじょ》は2年《ねん》のちに、勝頼《かつより》の嫡男信勝《ちゃくなんのぶかつ》を産《う》んだが、まもなく死《し》んでしまった。信玄《しんげん》と信長《のぶなが》は、親戚《しんせき》のつながりをたもつため、信長《のぶなが》の嫡男奇妙丸《ちゃくなんきみょうまる》（信忠《のぶただ》）と、信玄《しんげん》の6女松姫《じょまつひめ》を結婚《けっこん》させることにした。信長《のぶなが》も信玄《しんげん》をおそれていたからである。信玄《しんげん》は三河《みかわ》のあるじとなった家康《いえやす》とも同盟《どうめい》した。

信玄《しんげん》の父《ちち》の信虎《のぶとら》は、駿河《するが》に追放《ついほう》されたまま今川氏真《いまがわうじざね》に保護《ほご》されていたが、

「義元《よしもと》なきあと、氏真《うじざね》は武将《ぶしょう》たちからも領民《りょうみん》たちからも見《み》はなされ、今川領《いまがわりょう》の駿河《するが》も遠江《とおとうみ》もみだれている。このままでは、家康《いえやす》や信長《のぶなが》のえじきにされてしまうにちがいない。せめるならいまだ。」

と、信玄《しんげん》にたよりをよこした。

「今川領《いまがわりょう》をとれば、海《うみ》に出《で》られる。船《ふね》で京《きょう》にのぼることができる。」

信玄《しんげん》は心《こころ》が動《うご》いた。だが、今川領《いまがわりょう》をせめれば、三国同盟《さんごくどうめい》をやぶることになる。北条《ほうじょう》もだまってはいない。信玄《しんげん》は会議《かいぎ》にはかった。

「わが武田《たけだ》の力《ちから》を天下《てんか》にしめすためには、南《みなみ》の今川《いまがわ》を攻略《こうりゃく》しなくてはならない。」

信玄《しんげん》やおもだった家臣《かしん》の主張《しゅちょう》に対《たい》し、信玄《しんげん》の長男義信《ちょうなんよしのぶ》は、真《ま》っ向《こう》から反対《はんたい》をとなえた。義信《よしのぶ》は今川義元《いまがわよしもと》の娘《むすめ》を妻《つま》にしていた。

「もってのほかです。血《ち》でつながれている同盟《どうめい》のきずなをふみにじってまで、今川《いまがわ》をせめることは、なんとしても承服《しょうふく》できません。」

信玄《しんげん》は武田家《たけだけ》のあとつぎである義信《よしのぶ》と、対立《たいりつ》のみぞを深《ふか》めていった。対立《たいりつ》すれば、親《おや》も子《こ》もない。

「義信《よしのぶ》が謀反《むほん》をたくらんでいる。とらえろ。」

信玄《しんげん》は義信《よしのぶ》をとらえて、東光寺《とうこうじ》にとじこめ、切腹《せっぷく》に追《お》いこんでしまった。そして、義信《よしのぶ》の妻《つま》を今川《いまがわ》に送《おく》りかえしたのだった。

「同盟《どうめい》もこれまでだ。こうなったら北条《ほうじょう》と力《ちから》を合《あ》わせて、甲斐《かい》を孤立《こりつ》させてやる。」

今川氏真《いまがわうじざね》は北条氏康《ほうじょううじやす》とはかって、甲斐《かい》や信濃《しなの》の泣《な》きどころをつくことにした。塩止《しおど》めである。海《うみ》のない甲斐《かい》や信濃《しなの》は、塩《しお》の輸送《ゆそう》を止《と》められるのがいちばんこたえる。みそも、しょうゆも、つけものもできない。

「塩止《しおど》めぐらいでへこたれる武田《たけだ》ではないわ。今川《いまがわ》をせめて、海《うみ》をとろうではないか。」

信玄《しんげん》は出陣《しゅつじん》した。永禄《えいろく》11（1568）年《ねん》の12月《がつ》のことである。信玄《しんげん》は駿河《するが》に侵入《しんにゅう》した。今川氏真《いまがわうじざね》は、興津《おきつ》の清見寺《せいけんじ》に陣《じん》をはって武田軍団《たけだぐんだん》をむかえうつつもりだったが、将兵《しょうへい》たちの信頼《しんらい》をなくしている。まるで戦《たたか》いにならない。たちまち掛川城《かけがわじょう》ににげこんでしまった。

武田軍団《たけだぐんだん》は今川《いまがわ》の本拠地《ほんきょち》、駿府《すんぷ》（現在《げんざい》の静岡市《しずおかし》）に火《ひ》をかけた。同《おな》じころ、遠江《とおとうみ》には信玄《しんげん》としめしあわせた家康《いえやす》がせめこんでいた。こうして、駿河《するが》は信玄《しんげん》がうばいとり、遠江《とおとうみ》は家康《いえやす》のものとなった。

「信玄《しんげん》のふるまいはゆるせん！　駿河《するが》の武田勢《たけだぜい》を甲斐《かい》へ追《お》いかえせ！」

北条氏康《ほうじょううじやす》は、水軍《すいぐん》（現在《げんざい》の海軍《かいぐん》）を駿河《するが》にさしむけると同時《どうじ》に、越後《えちご》の上杉輝虎《うえすぎてるとら》へ使《つか》いを出《だ》した。

「同盟《どうめい》して、武田《たけだ》を討《う》とうではないか。上杉勢《うえすぎぜい》が信濃《しなの》から、われら北条勢《ほうじょうぜい》が駿河《するが》と相模《さがみ》から、ときを同《おな》じくしてはさみうちにすれば、信玄《しんげん》とて甲斐《かい》に引《ひ》きこもるほかありますまい。」

輝虎《てるとら》は同盟《どうめい》のすすめに応《おう》じた。永禄《えいろく》12（1569）年《ねん》の3月《がつ》のことである。駿河《するが》にとどまっている信玄《しんげん》は、上杉《うえすぎ》・北条《ほうじょう》・今川《いまがわ》の三国同盟《さんごくどうめい》がむすばれたと知《し》って、さすがにあわてた。しかも、旧今川領《きゅういまがわりょう》の分《わ》け方《かた》をめぐって、家康《いえやす》ともにらみあうようになってきている。

「まわり中敵《じゅうてき》だらけだ。たのみのつなは尾張《おわり》の信長《のぶなが》だけだが、信長《のぶなが》も浅井《あざい》や朝倉《あさくら》に手《て》を焼《や》いている。甲斐《かい》へ引《ひ》きあげるなら、いましかない。越後《えちご》の雪《ゆき》がとければ、輝虎《てるとら》が動《うご》きだしてくることは明《あき》らかだ。」

信玄《しんげん》はすばやく全軍《ぜんぐん》をまとめると、甲斐《かい》へもどった。しかし、駿河《するが》をあきらめたわけではない。軍《ぐん》を立《た》てなおすと、わずか2か月後《げつご》の6月《がつ》に、御坂峠《みさかとうげ》をこえて伊豆《いず》にせめいった。これができたのは、信長《のぶなが》にたのんで、将軍義昭《しょうぐんよしあき》から越後《えちご》の輝虎《てるとら》に信濃《しなの》をせめないよう、手紙《てがみ》を出《だ》してもらってあるからだった。

信玄《しんげん》の伊豆《いず》ぜめは、駿東郡《すんとうぐん》の古沢新城《ふるさわしんじょう》こそ落《お》とせなかったが、三島《みしま》の町《まち》に乱入《らんにゅう》したほか、北条氏規《ほうじょううじのり》をやぶって、大宮城《おおみやじょう》を落《お》とした。

「長居《ながい》は無用《むよう》。今度《こんど》は北条《ほうじょう》の本拠《ほんきょ》、小田原《おだわら》をせめてやる。」

信玄《しんげん》は伊豆《いず》の軍《ぐん》をいったん甲斐《かい》へもどすと、8月《がつ》に府中《ふちゅう》をたった。佐久《さく》から西上野《にしこうずけ》を経《へ》て武蔵《むさし》に入《はい》った軍団《ぐんだん》は、鉢形城《はちがたじょう》（現在《げんざい》の埼玉県寄居町《さいたまけんよりいまち》）の北条氏邦《ほうじょううじくに》をせめた。だが、鉢形城《はちがたじょう》の守《まも》りはかたい。そこで、多摩《たま》の滝山城《たきやまじょう》（現在《げんざい》の八王子市《はちおうじし》）をせめたあと、厚木《あつぎ》、平塚《ひらつか》を経《へ》て、小田原《おだわら》にせまった。10月《がつ》だった。

北条氏康《ほうじょううじやす》・氏政《うじまさ》の父子《ふし》は城《しろ》にこもって、兵《へい》をくりだしてこない。武田勢《たけだぜい》は町《まち》に火《ひ》をはなつなどして、兵《へい》を引《ひ》きあげた。駿河《するが》に兵《へい》を出《だ》していた北条軍《ほうじょうぐん》は、

「小田原《おだわら》あやうし！」

と、あいついで帰国《きこく》してきた。信玄《しんげん》のねらいはここにあった。すぐに、軍《ぐん》を駿河《するが》にさしむけた。キツツキ戦法《せんぽう》である。キツツキは木《き》の幹《みき》にひそんでいる虫《むし》をとるとき、わざとはなれたところをつついて、虫《むし》をおびきだすという。信玄《しんげん》はそこからあみだしたキツツキの戦法《せんぽう》を得意《とくい》としていた。川中島《かわなかじま》の妻女山《さいじょさん》に立《た》てこもった越後勢《えちごぜい》をさそいだしたのも、裏《うら》をかかれはしたが、この戦法《せんぽう》だった。

武田勢《たけだぜい》の小田原《おだわら》ぜめを聞《き》いて、北条《ほうじょう》の主力部隊《しゅりょくぶたい》が駿河《するが》の守《まも》りをがらあきにしたすきに、信玄《しんげん》は興津城《おきつじょう》をうばうと、興津《おきつ》の港《みなと》（現在《げんざい》の清水港《しみずこう》）を水軍《すいぐん》の基地《きち》にした。

「ついに、海《うみ》を手《て》に入《い》れたぞ。」

信玄《しんげん》は、海賊衆《かいぞくしゅう》（水軍《すいぐん》）の整備《せいび》を急《いそ》いだ。海賊衆《かいぞくしゅう》の伊丹康直《いたみやすなお》をはじめ、岡部貞綱《おかべさだつな》、間宮武兵衛《まみやたけべえ》、間宮信高《まみやのぶたか》のほか、伊勢湾《いせわん》の船乗《ふなの》りたちも水軍《すいぐん》にくわわることになった。

「水軍《すいぐん》があれば、伊豆《いず》や相模《さがみ》の攻撃《こうげき》がたやすい。」

武田家《たけだけ》の四《よ》つ菱《びし》の家紋《かもん》を帆《ほ》にえがいた軍船《ぐんせん》をながめる信玄《しんげん》は、49歳《さい》になっていた。

合戦《かっせん》に次《つ》ぐ合戦《かっせん》で、信玄《しんげん》の将兵《しょうへい》や領民《りょうみん》たちに不満《ふまん》がないはずはない。信玄《しんげん》はそれを知《し》っていた。領民《りょうみん》のくらしが立《た》つようにしなければ、領民《りょうみん》の気持《きも》ちがはなれてしまう。武田軍団《たけだぐんだん》をささえるのは、領民《りょうみん》のなかでもとくに農民《のうみん》だった。農民《のうみん》のくらしが立《た》ってこそ、軍団《ぐんだん》がやしなわれ、自分《じぶん》が守《まも》られていくのである。

甲斐《かい》の国中《くになか》を洪水《こうずい》から守《まも》る大工事《だいこうじ》をしあげて、新《あたら》しい村《むら》づくりを進《すす》めた信玄《しんげん》は、規格《きかく》がまちまちだった升《ます》の寸法《すんぽう》を統一《とういつ》することで、穀物《こくもつ》が正《ただ》しく取《と》り引《ひ》きされるようにもした。「甲州升《こうしゅうます》」とよばれるようになったのがそれである。

また、いままでいう税制《ぜいせい》の改革《かいかく》もやってのけた。それまで、年貢《ねんぐ》は米《こめ》でおさめるものと決《き》められていたが、天候《てんこう》のかげんで不作《ふさく》の年《とし》がある。年貢《ねんぐ》をすべて米《こめ》でおさめるとなると、農民《のうみん》の食糧《しょくりょう》どころか、翌年《よくとし》の種《たね》もみにもこまることがあった。そこで信玄《しんげん》は、「大小切《だいしょうぎ》り」といって、年貢《ねんぐ》の3分《ぶん》の2は米《こめ》でおさめること、あとの3分《ぶん》の1は、お金《かね》でおさめることという制度《せいど》をつくった。(この制度《せいど》はのちに徳川幕府《とくがわばくふ》に受《う》けつがれ、明治《めいじ》5年《ねん》に廃止《はいし》されるまでつづいた。農民《のうみん》に有利《ゆうり》な制度《せいど》だったため、幕府《ばくふ》が途中《とちゅう》で改正《かいせい》しようとしても、そのつど強《つよ》い抵抗《ていこう》を受《う》けて廃止《はいし》できなかった。)

信玄《しんげん》は貨幣制度《かへいせいど》もととのえて、質《しつ》の高《たか》い金貨《きんか》を「金座《きんざ》」の山下《やました》・志村《しむら》・野中《のなか》・松木《まつき》の4家《け》につくらせた。これが「甲州金《こうしゅうきん》」である。

「甲州金《こうしゅうきん》」「甲州升《こうしゅうます》」「大小切《だいしょうぎ》り」の3つは、甲州《こうしゅう》の三法《さんぽう》といわれ、近世《きんせい》まで生《い》きつづけていた。信玄《しんげん》が法律《ほうりつ》や経済《けいざい》に心配《こころくば》りしなかったら、国内《こくない》の領民《りょうみん》さえそっぽを向《む》いてしまったにちがいない。すぐれた武将《ぶしょう》は、すぐれた政治家《せいじか》でもあった。

「わしも四十九になる。信長《のぶなが》は昨年《さくねん》(永禄《えいろく》11年《ねん》)足利義昭《あしかがよしあき》をたてまつって京《きょう》にのぼり、義昭公《よしあきこう》を将軍《しょうぐん》として天下布武《てんかふぶ》(天下《てんか》を武力《ぶりょく》でおさめること)への足《あし》がかりをつかんだ。しかし、信長《のぶなが》は将軍《しょうぐん》をないがしろにして、好《す》き勝手《かって》なことをやっている。こうなっては、将軍《しょうぐん》を助《たす》けて世《よ》の中《なか》をおだやかにできるのは、わししかいない。わしも、京《きょう》への道《みち》を急《いそ》がねばならん。」

信玄《しんげん》は水軍《すいぐん》をさらにふやして、京《きょう》を目指《めざ》そうと思《おも》った。しかし、北《きた》には上杉《うえすぎ》、東《ひがし》には北条《ほうじょう》。西《にし》に目《め》をやれば、遠江《とおとうみ》・三河《みかわ》に家康《いえやす》がいる。尾張《おわり》には、手強《てごわ》い信長《のぶなが》がいる。家康《いえやす》と信長《のぶなが》は軍事同盟《ぐんじどうめい》をむすんでいた。信玄《しんげん》が京《きょう》を目指《めざ》せば、いっせいに牙《きば》をむいて、ゆく手《て》をさまたげるだろう。

「さしあたって、徳川家康《とくがわいえやす》をたたいて突破口《とっぱこう》にしよう。」

元亀《げんき》2（1571）年《ねん》の春《はる》、信玄《しんげん》は遠江《とおとうみ》・三河《みかわ》へ出陣《しゅつじん》した。いったんは同盟《どうめい》して、今川《いまがわ》の領地《りょうち》を分《わ》けあった信玄《しんげん》と家康《いえやす》だったが、領地《りょうち》の分《わ》け方《かた》の不満《ふまん》から、いまは関係《かんけい》がこじれてしまっている。

信玄《しんげん》が遠江《とおとうみ》の高天神城《たかてんじんじょう》をとりかこむと、城主小笠原長忠《じょうしゅおがさわらながただ》は城外《じょうがい》に出《で》て合戦《かっせん》をいどんできた。信玄《しんげん》は配下《はいか》の将《しょう》、内藤昌豊《ないとうまさとよ》に指示《しじ》した。

「長期戦《ちょうきせん》にもちこんで、じっくりせめおとすのだ。」

そしてみずからは、三河《みかわ》の足助城《あすけじょう》から野田城《のだじょう》（現在《げんざい》の愛知県新城市《あいちけんしんしろし》）へ軍《ぐん》を進《すす》め、家康《いえやす》の領内《りょうない》をさんざんにふみあらした。野田《のだ》は甲斐《かい》から京《きょう》へ出《で》るための拠点《きょてん》として、どうしても手《て》に入《い》れなくてはならない。4月《がつ》26日《にち》に野田城《のだじょう》を落《お》とした信玄《しんげん》は、さらに豊橋《とよはし》を目指《めざ》した。家康《いえやす》の配下《はいか》の酒井忠次《さかいただつぐ》は、武田勢《たけだぜい》と二連木《にれんぎ》でたたかったが敗走《はいそう》して、吉田城《よしだじょう》ににげこまなくてはならなかった。家康《いえやす》は急《きゅう》を聞《き》いて浜松城《はままつじょう》から援軍《えんぐん》をひきいてかけつけたが、どうしたことか、信玄《しんげん》は軍《ぐん》を引《ひ》きあげていた。家康《いえやす》をおそれたからではない。信玄《しんげん》が血《ち》をはいたのである。

「一気《いっき》に家康《いえやす》をたたきつぶしたいところだが、京《きょう》へのぼる大《おお》きな望《のぞ》みを前《まえ》に、むりはきんもつ。養生《ようじょう》が先《さき》じゃ。家康《いえやす》め、命拾《いのちびろ》いしたな。」

信玄《しんげん》が府中《ふちゅう》で静養《せいよう》していると、この年《とし》の秋《あき》に思《おも》いがけないできごとがあった。小田原《おだわら》の北条氏康《ほうじょううじやす》が病気《びょうき》で死《し》んだのだが、氏康《うじやす》は息《いき》を引《ひ》きとるまえに、あとつぎの氏政《うじまさ》をまくらもとによびよせると、

「上杉謙信《うえすぎけんしん》と武田信玄《たけだしんげん》をくらべると、信玄《しんげん》のほうが人間《にんげん》のうつわが大《おお》きい。謙信《けんしん》はた

よりにならん。よいか、上杉《うえすぎ》との同盟《どうめい》をすてて、ふたたび武田《たけだ》と同盟《どうめい》しなおせ。」

と、言《い》いのこした。

上杉輝虎《うえすぎてるとら》はまえの年《とし》の元亀《げんき》1（1570）年《ねん》に、仏門《ぶつもん》に入《はい》って、名《な》を謙信《けんしん》とあらためていた。

北条氏政《ほうじょううじまさ》は氏康《うじやす》の遺言《ゆいごん》をただちに実行《じっこう》にうつした。もともと今川《いまがわ》・武田《たけだ》・北条《ほうじょう》の三《さん》国同盟《ごくどうめい》のとき、氏政《うじまさ》は信玄《しんげん》の娘《むすめ》を妻《つま》にむかえている。

「北条《ほうじょう》から同盟《どうめい》を申《もう》しでてくれたか。」

信玄《しんげん》は病《やまい》もふきとぶほどの喜《よろこ》びだった。北条《ほうじょう》が味方《みかた》になってくれれば、西《にし》との戦《たたか》いに全力《ぜんりょく》をかたむけられる。京《きょう》への道《みち》が大《おお》きく開《ひら》けてきた。

京《きょう》の都《みやこ》にはいち早《はや》く、信玄《しんげん》が大軍《たいぐん》をひきいてやってくるとのうわさが、ささやかれはじめていた。

最後《さいご》の出陣《しゅつじん》

足利義昭《あしかがよしあき》は、信長《のぶなが》のおかげで将軍《しょうぐん》の座《ざ》についたため、最初《さいしょ》のころには信長《のぶなが》との間《あいだ》はうまくいっていた。しかし、自分《じぶん》の思《おも》うままの政治《せいじ》を行《おこな》おうとする義昭《よしあき》に対《たい》して、信《のぶ》長《なが》は、将軍《しょうぐん》がやろうとすることはすべて、信長《のぶなが》にゆるしを得《え》なければならないと決《き》めてしまった。これにおこった義昭《よしあき》は、有力《ゆうりょく》な大名《だいみょう》にひそかに手紙《てがみ》をつかわして、「信《のぶ》長《なが》を討《う》ってくれ。」と、たのんだのだった。むろん、信玄《しんげん》のもとにもたのんできた。

「京《きょう》にのぼるには、それにふさわしい大義名分《たいぎめいぶん》（筋《すじ》の通《とお》った理由《りゆう》づけ）がほしかったところ、義昭《よしあき》さまから信長《のぶなが》を討《う》てとの命《めい》を受《う》けた。それだけではない。本願寺《ほんがんじ》の顕如《けんにょ》からも、一向宗《いっこうしゅう》を目《め》のかたきにして迫害《はくがい》をくわえる信長《のぶなが》をたおしてくれと言《い》ってきている。また、比叡山延暦寺《ひえいざんえんりゃくじ》からも、同《おな》じたのみを受《う》けている。」

そこで信玄《しんげん》は、信長《のぶなが》とにらみあっている勢力《せいりょく》に手《て》をまわして、味方《みかた》につけることにした。越前《えちぜん》の朝倉義景《あさくらよしかげ》、近江《おうみ》の浅井長政《あざいながまさ》、伊勢《いせ》の北畠具教《きたばたけとものり》、大和《やまと》の松永久秀《まつながひさひで》らがこれである。これらの武将《ぶしょう》たちのほかに、一向宗《いっこうしゅう》や延暦寺《えんりゃくじ》の僧兵《そうへい》たちが行動《こうどう》をともにすることになっている。

信玄《しんげん》は信長《のぶなが》を大《おお》きくとりかこむ勢力《せいりょく》のあみをつくりあげた。信長《のぶなが》は朝倉《あさくら》・浅井《あざい》との戦《たたか》いだけでもたいへんなうえ、一向一揆《いっこういっき》にもなやまされていた。近畿一帯《きんきいったい》の大名《だいみょう》たちも、まだ信長《のぶなが》にはしたがっていない。

「信長《のぶなが》をはさみうちにして討《う》とうではないか。われら武田《たけだ》が東《ひがし》から岐阜《ぎふ》、近江《おうみ》へと軍《ぐん》を進《すす》め、朝倉《あさくら》、浅井《あざい》の軍《ぐん》が南《みなみ》にさがって、両軍《りょうぐん》が一手《いって》に攻撃《こうげき》をかければ、信長《のぶなが》をほろぼせよう。」

元亀《げんき》3(1572)年《ねん》の夏《なつ》、信玄《しんげん》は朝倉《あさくら》・浅井連合軍《あざいれんごうぐん》との間《あいだ》に、約束《やくそく》をとりつけた。信玄《しんげん》はいまや、天下統一《てんかとういつ》のいちばん近《ちか》いところにいた。京《きょう》にのぼって、天下《てんか》を統《とう》一《いつ》することは、信玄《しんげん》ひとりの望《のぞ》みではなく、武田家《たけだけ》の願《ねが》いだった。それをはたすために、合戦《かっせん》に明《あ》けくれながら、ここまできたのである。

いっぽう、信長《のぶなが》は信玄《しんげん》をおそれた。信長《のぶなが》が信玄《しんげん》ほど気《き》づかった相手《あいて》はなかった。天《てん》下統一《かとういつ》の最大《さいだい》の強敵《きょうてき》であることを、早《はや》くからみとめていたからこそ、表向《おもてむ》きにはうやまって、親戚《しんせき》の関係《かんけい》をつくったりもしてきた。だが、信玄《しんげん》が京《きょう》にのぼってくることがはっきりした以上《いじょう》、信長《のぶなが》も手《て》をこまぬいてはいられなかった。

信長《のぶなが》は北条《ほうじょう》との同盟《どうめい》をとかれた上杉謙信《うえすぎけんしん》をさそって、織田《おだ》・徳川《とくがわ》・上杉《うえすぎ》による「信《しん》玄包囲網《げんほういもう》」づくりを急《いそ》いだ。

そんな動《うご》きにはおかまいなく、

「いよいよ機《き》がじゅくした。出陣《しゅつじん》のしたくはよいか。行《ゆ》くぞ！　目指《めざ》すは京《きょう》だ。」

信玄《しんげん》は元亀《げんき》３（１５７２）年《ねん》10月《がつ》３日《みっか》、武田軍団《たけだぐんだん》とともにつつじケ崎《がさき》の館《やかた》をたった。出陣《しゅつじん》は３日《みっか》まえに予定《よてい》されていたが、信玄《しんげん》が熱《ねつ》を出《だ》したため、この日《ひ》にのばされていた。そこにわずかな不安《ふあん》はあったが、信玄《しんげん》は信長《のぶなが》をたおすとともに、京《きょう》の都《みやこ》に武《たけ》田《だ》の旗《はた》をひるがえそうと決心《けっしん》をかためた。富士山《ふじさん》にはすでに雪《ゆき》がかかっていた。

「父上《ちちうえ》、謙信《けんしん》の越後《えちご》もまもなく雪《ゆき》にふりこめられます。軍《ぐん》を動《うご》かすおそれはないでしょう。」

四郎勝頼《しろうかつより》が言《い》った。勝頼《かつより》は諏訪家《すわけ》をついだため、武田《たけだ》の姓《せい》こそ名乗《なの》っていないが、信玄《しんげん》が長男《ちょうなん》の太郎義信《たろうよしのぶ》を切腹《せっぷく》させたため、武田家《たけだけ》のあとつぎと期待《きたい》されていた。27歳《さい》の勝頼《かつより》のたのもしい武者《むしゃ》ぶりに、信玄《しんげん》も目《め》を細《ほそ》めた。

「いかにも、謙信《けんしん》は越後《えちご》にくぎづけ。雪《ゆき》で動《うご》けなくなることも計算《けいさん》に入《い》れて、この季《き》節《せつ》の出陣《しゅつじん》にしたのだ。兵《へい》たちも稲《いね》のとり入《い》れを終《お》え、なんのうれいもなく国《くに》をあとにできる。」

信玄《しんげん》は軍《ぐん》を見《み》まわした。堂々《どうどう》たる大軍《たいぐん》である。北条《ほうじょう》の援兵《えんぺい》も交《まじ》えて、2万《まん》はあった。さらに、諏訪《すわ》から高遠《たかとお》へ入《はい》るころには、信濃各地《しなのかくち》からの将兵《しょうへい》の参加《さんか》で、3万《まん》5000にふくれあがっていた。天地《てんち》をゆるがす大行軍《だいこうぐん》だった。

どとうの勢《いきお》いで伊那谷《いなだに》を南下《なんか》した大軍《たいぐん》は、家康《いえやす》の領地《りょうち》、遠江《とおとうみ》の北部《ほくぶ》になだれこんだ。浜松城《はままつじょう》にいた家康《いえやす》はびっくりぎょうてんして、これをむかえうつ手勢《てぜい》をくりだすと同時《どうじ》に、信長《のぶなが》に援軍《えんぐん》をもとめた。信長《のぶなが》は近江《おうみ》で、浅井長政《あざいながまさ》の小谷城《おだにじょう》をせめていたが、越前《えちぜん》の朝倉義景《あさくらよしかげ》が浅井《あざい》に加勢《かせい》しているため、苦戦《くせん》をつづけていた。しかし、家康《いえやす》を見殺《みごろ》しにはできない。そこで信長《のぶなが》はしかたなく、平手汎秀《ひらてひろひで》に3000の兵《へい》をあずけて、三河《みかわ》へ向《む》かわせた。このあいだに、勝頼《かつより》は二俣城《ふたまたじょう》をうばっていた。別動隊《べつどうたい》の秋山《あきやま》信友《のぶとも》は信長《のぶなが》の拠点《きょてん》のひとつである岩村城《いわむらじょう》(現在《げんざい》の岐阜県恵那市《ぎふけんえなし》)をせめおとした。

「このままでは家康《いえやす》の領地《りょうち》どころか、岐阜《ぎふ》もあぶなくなる!」

信長《のぶなが》は小谷城《おだにじょう》ぜめをいったん中止《ちゅうし》して、岐阜《ぎふ》へ舞《ま》いもどった。このとき、朝倉《あさくら》と浅井《あざ》井《い》が信長《のぶなが》を追撃《ついげき》していれば、計画《けいかく》のとおりのはさみうちができたのだが、長期戦《ちょうきせん》で兵《ひょう》糧《ろう》もとぼしい朝倉勢《あさくらぜい》は、越前《えちぜん》に引《ひ》きあげてしまった。

信玄《しんげん》は軍《ぐん》を西《にし》へ進《すす》めた。

「わが浜松城《はままつじょう》をせめおとしにかかるつもりだな。むかえうってやる。」

家康《いえやす》は合戦《かっせん》にそなえた。

「人《ひと》のねているまくらもとを、敵《てき》が通《とお》っていくのを、おめおめながめておられようか。三河武士《みかわぶし》の意地《いじ》を見《み》せつけねばならん。」

ところが、信玄《しんげん》の大軍《たいぐん》は浜松城《はままつじょう》の北《きた》を通過《つうか》して、そのまま西《にし》に向《む》かっていく。

「おのれ、信玄《しんげん》め！　家康《いえやす》ごときに用《よう》はないというのか！」

大名《だいみょう》のほこりを傷《きず》つけられた家康《いえやす》は、信長《のぶなが》がよこした援軍《えんぐん》の平手汎秀《ひらてひろひで》がなだめるのも聞《き》かずに、打《う》ってでることにした。信長《のぶなが》は兵力《へいりょく》の損傷《そんしょう》をおそれて、信玄《しんげん》の大軍《たいぐん》が通過《つうか》してもだまって通《とお》すように指示《しじ》していたが、家康《いえやす》の意地《いじ》がそれを承知《しょうち》できなかった。1万《まん》5000の三河軍《みかわぐん》と信長《のぶなが》の援軍《えんぐん》の3000は、3万《まん》5000の武田大軍団《たけだだいぐんだん》を背後《はいご》からつこうと、浜松城《はままつじょう》をあとにした。12月《がつ》22日《にち》のことである。

浜松《はままつ》の北《きた》に広《ひろ》がる三方《みかた》ケ原《がはら》にさしかかった武田勢《たけだぜい》は、軍《ぐん》を止《と》めた。

「なに、三河勢《みかわぜい》が攻撃《こうげき》をかけてきたというのか。家康《いえやす》の身《み》のほど知《し》らずめが。けちらせ！」

信玄《しんげん》の指図《さしず》に、武田勢《たけだぜい》は向《む》きをかえた。

ほら貝《がい》が鳴《な》りひびいた。かねやたいこがたたかれた。旗指《はたさ》し物《もの》がゆれ、軍馬《ぐんば》がいないた。寒風《かんぷう》にみぞれが舞《ま》っていた。合戦《かっせん》の火《ひ》ぶたが切《き》られたのは、いまの時間《じかん》で午《ご》後《ご》4時《じ》ごろになる。

三河勢《みかわぜい》は家康《いえやす》の旗本《はたもと》たちの働《はたら》きで、武田方《たけだがた》の本隊《ほんたい》へ突入《とつにゅう》をはかった。武田方《たけだがた》は三河勢《みかわぜい》をさそいいれておいて、どどっと騎馬隊《きばたい》をくりだした。

「しまった！」

家康《いえやす》は青《あお》ざめた。みるみる味方《みかた》がたおれていく。武田勢《たけだぜい》はあまりにも強力《きょうりょく》だった。合戦《かっせん》が長引《ながび》けば、全滅《ぜんめつ》のうき目《め》を見《み》なければならない。

「退《ひ》け！　退《ひ》けえ！」

むちゃをさとった家康《いえやす》は、味方《みかた》の主力部隊《しゅりょくぶたい》に囲《かこ》まれて、いっさんに浜松城《はままつじょう》へにげかえったが、平手汎秀《ひらてひろひで》は、戦死《せんし》をとげていた。

「追《お》うな。ここで浜松城《はままつじょう》ぜめにてまどっていては、上洛《じょうらく》がおくれる。家康《いえやす》め、当分《とうぶん》は浜松城《はままつじょう》にとじこもっておれ。あとは信長《のぶなが》ひとりだ。」

三方ケ原《みかたがはら》で大勝《たいしょう》した信玄《しんげん》は、勝利《しょうり》の印《しるし》に平手汎秀《ひらてひろひで》の首《くび》を信長《のぶなが》に送《おく》りつけて、ふたたび軍《ぐん》を西《にし》に進《すす》めた。だが、きびしい寒《さむ》さと合戦《かっせん》のつかれから、体調《たいちょう》をくずした信玄《しんげん》は、見《み》るからに苦《くる》しそうだった。病気《びょうき》がぶりかえしたのである。信玄《しんげん》の病気《びょうき》は肺結核《はいけっかく》とも、肺《はい》ガンだったともいわれている。

「父上《ちちうえ》、しばらくご休息《きゅうそく》ください。」

勝頼《かつより》はすすめた。家康《いえやす》をやぶった勢《いきお》いにのって、信長《のぶなが》をも一気《いっき》にたおしたいのはやまやまだが、これ以上病気《いじょうびょうき》をこじらせたら、元《もと》も子《こ》もない。信玄《しんげん》は浜名湖《はまなこ》の北東《ほくとう》にある刑部《おさかべ》（現在《げんざい》の静岡県浜松市《しずおかけんはままつし》）で体《からだ》を休《やす》め、正月《しょうがつ》をむかえた。

その刑部《おさかべ》の陣《じん》に、越前《えちぜん》の朝倉義景《あさくらよしかげ》の使者《ししゃ》が手紙《てがみ》をとどけてきた。

「なにっ、まれに見《み》る大雪《おおゆき》のため、越前《えちぜん》の道《みち》はことごとくふさがれてしまい、兵《へい》を出《だ》せぬだと！」

信玄《しんげん》の顔《かお》がたちまちくもった。朝倉《あさくら》とはかって信長《のぶなが》をはさみうちにする計画《けいかく》が、もろくもくずれてしまった。

「これはとんだ当《あ》てはずれだが、信長《のぶなが》と同盟《どうめい》した上杉謙信《うえすぎけんしん》も、雪《ゆき》で信長《のぶなが》へ援軍《えんぐん》が出《だ》せないでいる。このまま、わが武田勢《たけだぜい》だけで信長《のぶなが》に当《あ》たるか、それとも甲斐《かい》にもどって、機会《きかい》をあらたにするか、みなの意見《いけん》を聞《き》こう。」

信玄《しんげん》は武将《ぶしょう》たちと作戦会議《さくせんかいぎ》を開《ひら》いたが、すぐに結論《けつろん》が出《で》るはずはなかった。信玄《しんげん》の健康《けんこう》しだいだ。

「わしが病《やまい》にたおれたとわかれば、家康《いえやす》や信長《のぶなが》をよろこばせるだけだ。」

信玄《しんげん》は元亀《げんき》4(1573)年《ねん》の1月《がつ》11日《にち》に、気力《きりょく》をふりしぼって、三河《みかわ》の野田城《のだじょう》を攻撃《こうげき》させた。2年《ねん》まえに一度《いちど》はうばった野田城《のだじょう》だったが、家康《いえやす》にうばいかえされている。機会《きかい》をあらためて上洛《じょうらく》するにしても、ぜひともとっておかなくてはならない。また、家康《いえやす》や信長《のぶなが》に、信玄《しんげん》が元気《げんき》いっぱいでいることをしめすためにも、野田城《のだじょう》はぜったいに落《お》としたかった。

野田城《のだじょう》を守《まも》る家康方《いえやすがた》の兵《へい》は、武田勢《たけだぜい》の猛攻《もうこう》にたえていたが、抵抗《ていこう》もひと月《つき》がやっとだった。甲斐《かい》からよびよせた金山衆《かなやましゅう》を使《つか》って、城《しろ》の水源《すいげん》をほりぬく武田方《たけだがた》の作戦《さくせん》が成功《せいこう》したのである。飲《の》み水《みず》にもこまった兵《へい》たちは、この奇想天外《きそうてんがい》な水《みず》ぜめに、降伏《こうふく》するほかなかった。

野田城《のだじょう》ぜめのあいだも、信玄《しんげん》の病状《びょうじょう》は一進一退《いっしんいったい》をくりかえしていたが、野田城《のだじょう》を落《お》としてひと月《つき》あまり、鳳来寺《ほうらいじ》で治療《ちりょう》に専念《せんねん》したおかげで、いくぶん元気《げんき》をとりもどしたかに見《み》えた。すると信玄《しんげん》は、

「吉田城《よしだじょう》をせめとるのだ。」

みずから出陣《しゅつじん》をはかった。すさまじい執念《しゅうねん》というほかない。医者《いしゃ》の御宿監物《みしゅくけんもつ》は必死《ひっし》になって止《と》めた。

「これ以上《いじょう》のごむりは、お命《いのち》にさしさわります。なにとぞ、思《おも》いとどまってください。甲斐《かい》にもどって、病気《びょうき》をなおすことのほうが先《さき》です。」

それをふりきって信玄《しんげん》は出陣《しゅつじん》したが、ふたたび発熱《はつねつ》がひどくなった。こうなってはやはり、いったん甲斐《かい》へもどって静養《せいよう》するほかない。

「わしの病気《びょうき》のこと、くれぐれも敵《てき》にさとられないようにせよ。」

無念《むねん》、残念《ざんねん》のきわみだった。信玄《しんげん》は野田城《のだじょう》に３０００の兵《へい》をのこすと、本隊《ほんたい》をはなれて、まだ雪《ゆき》の深《ふか》い伊那谷《いなだに》を北《きた》にのぼっていった。輿《こし》に乗《の》って国《くに》に帰《かえ》る病気《びょうき》の信玄《しんげん》

に、この寒《さむ》さがよりこたえた。日《ひ》に日《ひ》に、衰弱《すいじゃく》していくのが、自分《じぶん》でもわかった。信濃《しなの》の駒場《こまんば》（現在《げんざい》の長野県下伊那郡阿智村《ながのけんしもいなぐんあちむら》）に来《き》たときには、意識《いしき》もなかばもうろうとしていた。

「……勝頼《かつより》をよべ……。」

「はい、父上《ちちうえ》。勝頼《かつより》、ここにおります。」

「言《い》いのこすことがある。……わしが死《し》んでから3年間《ねんかん》は、これをかならずかくしとおせ。そこに、わしの印《いん》をおした白紙《はくし》が800枚《まい》ある。諸方《しょほう》からの手紙《てがみ》の返事《へんじ》に使《つか》うがよい。わしが病気《びょうき》であっても、生《い》きていると思《おも》えば、信長《のぶなが》や家康《いえやす》もせめてくるまい。3年間《ねんかん》はじっとたえて、甲斐《かい》の守《まも》りをかためることだ。」

「はい、かならずや、守《まも》ります。」

「……武田《たけだ》のあとつぎは、勝頼《かつより》の嫡男《ちゃくなん》、信勝《のぶかつ》が十六になったおりに、わしの家督《かとく》をゆずる。それまではおまえが代理《だいり》をつとめること。」

その信勝《のぶかつ》は、まだ7歳《さい》だった。勝頼《かつより》と、信長《のぶなが》の養女《ようじょ》との間《あいだ》に生《う》まれた子《こ》である。信《しん》玄《げん》はさらに言《い》った。

「……わしの葬式《そうしき》はいらぬ。3年後《ねんご》の今日《きょう》、諏訪湖《すわこ》へ甲冑《かっちゅう》を着《き》せてしずめてくれ。それから、甲斐《かい》を守《まも》るために、越後《えちご》の謙信《けんしん》をたよるがいい。……謙信《けんしん》は正直《しょうじき》で、男《おとこ》らしい武将《ぶしょう》だから、わかいおまえがたよりにすれば、けっして悪《わる》いようにはせぬはず。」

信玄《しんげん》は意外《いがい》なことに、謙信《けんしん》との同盟《どうめい》を勝頼《かつより》にすすめ、自分《じぶん》がいなくなれば、謙信《けんしん》こそ日本一《にほんいち》の武将《ぶしょう》とたたえた。

「……よいか、くれぐれもかるはずみな戦《たたか》いはいたすな。あらゆることに、わしの10倍《ばい》もの心配《こころくば》りをして、武田家《たけだけ》の天下《てんか》取《と》りの願《ねが》いをはたしてくれ。志《こころざし》をなかばにこうなった不運《ふうん》は、いまさらなげくまい。」

重臣《じゅうしん》たちにも、これまでつくしてくれた礼《れい》を言《い》って、勝頼《かつより》のことをよろしくとたのんだ信玄《しんげん》は、静《しず》かに目《め》をとじた。目《め》のはしに、なみだが光《ひか》っていた。元亀《げんき》4（1573）年《ねん》4月《がつ》12日《にち》の夜《よる》のことであったが、年号《ねんごう》はこの7月《がつ》に、天正《てんしょう》とあらたまる。

いまわのきわに、信玄《しんげん》の口《くち》がかすかに動《うご》いた。

「……武田《たけだ》の大旗《おおはた》を、瀬田《せた》に立《た》てよ……。」

瀬田《せた》は京《きょう》の都《みやこ》の入《い》り口《ぐち》にあたる場所《ばしょ》である。信玄《しんげん》は息《いき》を引《ひ》きとる最後《さいご》の最後《さいご》まで、天下取《てんかと》りの望《のぞ》みをすてていなかった。

信玄《しんげん》は53年《ねん》にわたる、波乱万丈《はらんばんじょう》の生涯《しょうがい》をとじた。勝頼《かつより》や重臣《じゅうしん》は、信玄《しんげん》の死《し》を他国《たこく》にさとられまいと、影武者《かげむしゃ》を用《もち》いて、信玄《しんげん》がまだ生《い》きているように見《み》せかけようとしたが、真相《しんそう》はまもなく、しのびの者《もの》たちにかぎつけられていった。

信長《のぶなが》は信玄《しんげん》の死《し》を、3日後《みっかご》には早《はや》くも聞《き》いて、

「これぞ、天《てん》の助《たす》けだ！」

と、よろこんだという。浅井《あざい》・朝倉《あさくら》を討《う》ち、一向一揆《いっこういっき》や比叡山《ひえいざん》の僧兵《そうへい》をねじふせ、近畿《きんき》の反信長勢力《はんのぶながせいりょく》さえおさえれば、天下《てんか》の統一《とういつ》は完成《かんせい》に近《ちか》づく。信長《のぶなが》は、信玄《しんげん》の死《し》によって、どんなにすくわれたかしれない。

越後《えちご》にこもっていた謙信《けんしん》も、信玄《しんげん》の死《し》を知《し》らされた。謙信《けんしん》は信長《のぶなが》とちがって、

「なに、あの信玄《しんげん》が……。生涯《しょうがい》かけてたたかってきた相手《あいて》だったが、これほどの武将《ぶしょう》は、もうあらわれまい。」

食事《しょくじ》のはしをぽろりと落《お》として、その死《し》を悲《かな》しんだという。

信玄《しんげん》の死《し》を聞《き》いた家康《いえやす》は、わずか3か月後《げつご》に合戦《かっせん》をしかけてきた。信玄《しんげん》にうばわれていた三河《みかわ》の長篠城《ながしのじょう》をうばいかえす合戦《かっせん》だった。

勝頼《かつより》は、3年間《ねんかん》は国内《こくない》をかためるようにと言《い》った信玄《しんげん》のいましめをやぶって、強引《ごういん》に出陣《しゅつじん》すると、家康軍《いえやすぐん》を打《う》ちやぶって、長篠城《ながしのじょう》をうばいかえした。

我《が》の強《つよ》い勝頼《かつより》は、家臣《かしん》の意見《いけん》に耳《みみ》をかさずに出陣《しゅつじん》をつづけ、遠江《とおとうみ》や美濃《みの》にもせめいって手柄《てがら》をあげた。そのうちに、心《こころ》ある家臣《かしん》たちは、しだいにはなれていった。それを決定的《けっていてき》にしたのが、天正《てんしょう》3（1575）年《ねん》5月《がつ》に、長篠《ながしの》の設楽原《したらがはら》でくりひろげられた、「長篠《ながしの》の合戦《かっせん》」である。

無敵《むてき》をほこった武田《たけだ》の騎馬隊《きばたい》が、木《き》のさくのバリケードにゆく手《て》をはばまれたところに、信長《のぶなが》・家康連合軍《いえやすれんごうぐん》の鉄砲隊《てっぽうたい》のたくさんの銃《じゅう》のつるべうちである。連合軍《れんごうぐん》が用意《ようい》していた鉄砲《てっぽう》は、1000丁《ちょう》とも3000丁《ちょう》ともいわれている。大敗《たいはい》だった。合戦《かっせん》は騎馬《きば》から、鉄砲隊《てっぽうたい》の集団攻撃《しゅうだんこうげき》へとかわったのである。

甲斐《かい》には、落日《らくじつ》がせまっていた。

国人《こくじん》たちが、あいついでそむいていった。

「勝頼《かつより》どのは甲斐《かい》の国主《こくしゅ》のうつわではない。やることなすこと、わがままで、これでは国《くに》などおさめられん。」

勝頼《かつより》の妹《いもうと》を妻《つま》にしている木曾義昌《きそよしまさ》もそむいて、信長《のぶなが》にねがえった。同盟《どうめい》していた北条氏政《ほうじょううじまさ》も、人望《じんぼう》のない勝頼《かつより》を見《み》かぎって、小田原《おだわら》の大軍《たいぐん》を甲斐《かい》にふみこませた。

信玄《しんげん》が生《い》きているあいだには、敵《てき》を一歩《いっぽ》も入《い》れなかった甲斐《かい》の国土《こくど》が、むざんにふみあらされていく。信玄《しんげん》ゆかりの恵林寺《えりんじ》も信長《のぶなが》に火《ひ》をかけられた。

天正《てんしょう》10（1582）年《ねん》の3月《がつ》、勝頼《かつより》は信長《のぶなが》の配下《はいか》滝川一益《たきがわかずます》の兵《へい》に追《お》われて、甲斐《かい》の東方《とうほう》にある天目山《てんもくざん》へにげこんだが、自害《じがい》してはてた。37歳《さい》だった。

ここに、武田家《たけだけ》はほろびさった。信玄《しんげん》なきあと、わずか9年《ねん》である。だが、武田家《たけだけ》を滅亡《めつぼう》させた信長《のぶなが》も、この年《とし》の6月《がつ》、配下《はいか》の武将《ぶしょう》、明智光秀《あけちみつひで》にそむかれ、本能寺《ほんのうじ》の変《へん》にたおれていった。

天下《てんか》はやがて、明智《あけち》を討《う》った信長《のぶなが》の配下《はいか》、豊臣秀吉《とよとみひでよし》の手《て》で統一《とういつ》されたのち、関ケ原《せきがはら》の合戦《かっせん》をものにした徳川家康《とくがわいえやす》の手《て》におさめられていったのである。江戸《えど》に徳川幕府《とくがわばくふ》を開《ひら》いた家康《いえやす》は、旧武田《きゅうたけだ》の家来《けらい》を進《すす》んで召《め》しかかえただけでなく、武田家《たけだけ》の家法《かほう》「甲州《こうしゅう》法度《はっと》」を政治《せいじ》の手本《てほん》にして、徳川《とくがわ》260余年《よねん》のいしずえをきずいていったことをつけくわえておこう。

（終《お》わり）

武田信玄《たけだしんげん》の年表《ねんぴょう》

年代《ねんだい》	年齢《ねんれい》	できごと	世《よ》の中《なか》の動《うご》き
1521（大永《たいえい》1）	1歳《さい》	11月《がつ》3日《みっか》、武田信虎《たけだのぶとら》の長男《ちょうなん》として甲斐《かい》の国《くに》の石水寺《せきすいじ》に生《う》まれる。幼名《ようめい》を太郎《たろう》（または勝千代《かつちよ》）という。	足利義晴《あしかがよしはる》が将軍《しょうぐん》になる。
1522（大永《たいえい》3）			マゼランの部下《ぶか》、世界大《せかいだい》航海《こうかい》に成功《せいこう》してスペインに帰《かえ》る。
1525（大永《たいえい》5）	5歳《さい》	弟《おとうと》、次郎《じろう》（のちの信繁《のぶしげ》）生《う》まれる。	
1530（享禄《きょうろく》3）			上杉謙信《うえすぎけんしん》が生《う》まれる。
1533（天文《てんぶん》2）	13歳《さい》	上杉朝興《うえすぎともおき》の娘《むすめ》をめとる。父信虎《ちちのぶとら》に名馬鬼鹿毛《めいばおにかげ》をもらいたいと言《い》い、父《ちち》を激怒《げきど》させる。	
1534（天文《てんぶん》3）			織田信長《おだのぶなが》が生《う》まれる。
1536（天文《てんぶん》5）	16歳《さい》	1月《がつ》、元服《げんぷく》して晴信《はるのぶ》と名乗《なの》る。従五位下《じゅごいのげ》に叙《じょ》せられ、大膳大夫《だいぜんのだいぶ》の称号《しょうごう》を受《う》ける。信濃《しなの》の国《くに》の海野口城《うんのぐちじょう》をせめて初陣《ういじん》をかざる。	

1538（天文《てんぶん》7）	18歳《さい》	寺《てら》にこもり禅《ぜん》を学《まな》び、詩《し》や歌《うた》をよむ。この年《とし》、長男《ちょうなん》の太郎《たろう》（のちの義信《よしのぶ》）生《う》まれる。	
1541（天文《てんぶん》10）	21歳《さい》	6月《がつ》、父信虎《ちちのぶとら》を駿河《するが》の国《くに》に追放《ついほう》する。晴信《はるのぶ》は甲斐《かい》の国守《こくしゅ》となる。甲斐《かい》の国《くに》の治水工事《ちすいこうじ》にとりかかる。	
1542（天文《てんぶん》11）	22歳《さい》	信濃《しなの》の国《くに》の諏訪頼重《すわよりしげ》をせめる。諏訪頼重《すわよりしげ》の娘《むすめ》（諏訪《すわ》ご料人《りょうにん》）をめとる。	徳川家康《とくがわいえやす》が生《う》まれる。
1543（天文《てんぶん》12）			種子島《たねがしま》に鉄砲伝来《てっぽうでんらい》。
1546（天文《てんぶん》15）	26歳《さい》	諏訪《すわ》ご料人《りょうにん》に四郎《しろう》（のちの勝頼《かつより》）生《う》まれる。	
1547（天文《てんぶん》16）	27歳《さい》	武田《たけだ》の家臣《かしん》や領民《りょうみん》の決《き》まりを定《さだ》めた「甲州法度之次第《こうしゅうはっとのしだい》」をつくる。	
1548（天文《てんぶん》17）	28歳《さい》	信濃《しなの》の国《くに》の村上義清《むらかみよしきよ》とたたかってやぶれる。小笠原長時《おがさわらながとき》をせめてやぶる。	長尾景虎《ながおかげとら》が、春日山城《かすがやまじょう》の城主《じょうしゅ》になる。
1549（天文《てんぶん》18）			ザビエル、鹿児島《かごしま》に上陸《じょうりく》。
1550（天文《てんぶん》19）			北条氏康《ほうじょううじやす》が関東《かんとう》に永楽銭《えいらくせん》の通用《つうよう》をすすめる。

1553（天文《てんぶん》22）	33歳《さい》	村上義清《むらかみよしきよ》をせめ、義清《よしきよ》を助《たす》ける上杉景虎《うえすぎかげとら》と衝突《しょうとつ》。第《だい》1回《かい》川中島《かわなかじま》合戦《かっせん》。	
1555（弘治《こうじ》1）	35歳《さい》	第《だい》2回《かい》川中島《かわなかじま》合戦《かっせん》。今川義元《いまがわよしもと》の仲裁《ちゅうさい》で両軍《りょうぐん》引《ひ》きあげる。	加賀《かが》で一向一揆《いっこういっき》起《お》こる。
1557（弘治《こうじ》3）	37歳《さい》	第《だい》3回《かい》川中島《かわなかじま》合戦《かっせん》。甲斐《かい》の国《くに》の治水工事《ちすいこうじ》が完成《かんせい》する。	
1559（永禄《えいろく》2）	39歳《さい》	5月《がつ》、出家《しゅっけ》して信玄《しんげん》と名乗《なの》る。	
1560（永禄《えいろく》3）			今川義元《いまがわよしもと》、桶狭間《おけはざま》で死《し》ぬ。
1561（永禄《えいろく》4）	41歳《さい》	第《だい》4回《かい》川中島《かわなかじま》合戦《かっせん》。弟《おとうと》の信繁《のぶしげ》、軍師《ぐんし》の山本勘助《やまもとかんすけ》討《う》ち死《じ》にする。	
1563（永禄《えいろく》6）	43歳《さい》	北条氏康《ほうじょううじやす》とともに関東《かんとう》に出兵《しゅっぺい》。18歳《さい》の四郎勝頼《しろうかつより》を初陣《ういじん》させる。	
1564（永禄《えいろく》7）	44歳《さい》	第《だい》5回《かい》川中島《かわなかじま》合戦《かっせん》。	上杉輝虎《うえすぎてるとら》が越後《えちご》の弥彦神社《やひこじんじゃ》に信玄《しんげん》の滅亡《めつぼう》を祈願《きがん》。
1567（永禄《えいろく》10）	47歳《さい》	今川《いまがわ》ぜめに反対《はんたい》した長男《ちょうなん》の太郎義信《たろうよしのぶ》が自害《じがい》する。	
1568（永禄《えいろく》11）	48歳《さい》	駿河《するが》の国《くに》の今川氏真《いまがわうじざね》をせめる。	

1569（永禄《えいろく》12）	49歳《さい》	小田原城《おだわらじょう》をせめる。興津《おきつ》の港《みなと》を手《て》にいれ、水《すい》軍《ぐん》の基地《きち》にする。	
1571（元亀《げんき》2）	51歳《さい》	遠江《とおとうみ》・三河《みかわ》にせめいり、徳川家康《とくがわいえやす》とたたかう。信玄《しんげん》、発病《はつびょう》する。	信長《のぶなが》が延暦寺《えんりゃくじ》を焼《や》く。
1572（元亀《げんき》3）	52歳《さい》	足利義昭《あしかがよしあき》より上洛《じょうらく》の使者《ししゃ》がくる。10月《がつ》、信玄《しんげん》は武田軍団《たけだぐんだん》をひきいて京《きょう》へ向《む》かう。三方ケ原《みかたがはら》で家康軍《いえやすぐん》をやぶるが、信玄《しんげん》の病気《びょうき》重《おも》くなる。	
1573（元亀《げんき》4）（天正《てんしょう》1）	53歳《さい》	4月《がつ》12日《にち》、信玄《しんげん》は信濃《しなの》の国《くに》の駒場《こまんば》で、あとのことを勝頼《かつより》に託《たく》して死《し》ぬ。	将軍《しょうぐん》足利義昭《あしかがよしあき》、信長《のぶなが》によって追放《ついほう》され、京都《きょうと》の室町幕府《むろまちばくふ》がほろびる。
1575（天正《てんしょう》3）	55歳《さい》	5月《がつ》、勝頼《かつより》、長篠《ながしの》の合戦《かっせん》で信長《のぶなが》・家康《いえやす》連合軍《れんごうぐん》にやぶれる。	
1582（天正《てんしょう》10）	62歳《さい》	3月《がつ》、甲斐《かい》の国《くに》の天目山《てんもくざん》で合戦《かっせん》にやぶれた勝《かつ》頼《より》自害《じがい》する。武田家《たけだけ》ほろびる。	天正遣欧使節《てんしょうけんおうしせつ》出発《しゅっぱつ》する。信長《のぶなが》が本能寺《ほんのうじ》の変《へん》で自害《じがい》する。

年齢《ねんれい》は数《かぞ》え年《どし》

解説《かいせつ》

いまもかわりなくしたわれる信玄公《しんげんこう》

木暮正夫《こぐれまさお》

戦国時代《せんごくじだい》はどう始《はじ》まったか

日本《にっぽん》の歴史上《れきしじょう》、戦国時代《せんごくじだい》ほど長《なが》い期間《きかん》にわたって、国内《こくない》がみだれたことはありません。そのきっかけはどこにあったのでしょう。

金閣寺《きんかくじ》などをつくって京《きょう》の都《みやこ》に栄華《えいが》をほこってきた室町幕府《むろまちばくふ》も、8代将軍足利義政《だいしょうぐんあしかがよしまさ》のころには力《ちから》がおとろえてきていました。義政《よしまさ》には子《こ》どもがなかったため、弟《おとうと》の義視《よしみ》に将軍《しょうぐん》の位《くらい》をゆずると約束《やくそく》したのですが、その翌年《よくとし》、妻《つま》の富子《とみこ》が男《おとこ》の子《こ》を産《う》みました。わが子《こ》を将軍《しょうぐん》にしたい富子《とみこ》は、義視《よしみ》の後《うし》ろだてになっている守護大名細川勝元《しゅごだいみょうほそかわかつもと》に対抗《たいこう》する必要《ひつよう》から、細川《ほそかわ》とならぶ有力《ゆうりょく》な守護大名《しゅごだいみょう》、山名持豊《やまなもちとよ》（宗全《そうぜん》）をたよりました。

細川《ほそかわ》と山名《やまな》は、幕府《ばくふ》で高《たか》い地位《ちい》をしめている畠山氏《はたけやまし》や斯波氏《しばし》で起《お》こった、あとつぎをめぐる争《あらそ》いにかかわって対立《たいりつ》を深《ふか》め、ついに応仁《おうにん》1（1467）年《ねん》、京都《きょうと》で戦《たたか》いを始《はじ》めたのです。この応仁《おうにん》の乱《らん》こそ、戦国時代《せんごくじだい》の幕開《まくあ》けでした。両軍《りょうぐん》の兵《へい》は合《あ》わせて25万人《まんにん》にものぼったといいます。およそ11年《ねん》にもわたる戦乱《せんらん》は、細川勝元《ほそかわかつもと》と山名持豊《やまなもちとよ》の死《し》もあり、勝敗《しょうはい》がつかないまま終《お》わりましたが、京《きょう》の都《みやこ》はあれはて、室町幕府《むろまちばくふ》はさらにおとろえ、各地《かくち》の守護大名同士《しゅごだいみょうどうし》、豪族同士《ごうぞくどうし》が、入《い》りみだれて実力《じつりょく》をきそう戦国時代《せんごくじだい》へと突入《とつにゅう》していきました。信玄《しんげん》のいる武田家《たけだけ》も例外《れいがい》ではありません。

武田信玄《たけだしんげん》の父信虎《ちちのぶとら》は、みだれていた甲斐《かい》（現在《げんざい》の山梨県《やまなしけん》）をひとつにまとめるために全力《ぜんりょく》をかたむけました。かれは35年間《ねんかん》に25回《かい》もの合戦《かっせん》を行《おこな》いましたが、そのうち22回《かい》は領地内《りょうちない》での戦《たたか》いでした。たたかわないことには、自分《じぶん》がたおされてしまうのです。相手《あいて》がおじでさえ、なさけようしゃなく討《う》たなければなりませんでした。信玄《しんげん》は父《ちち》の戦《たたか》いぶりを見《み》たり聞《き》いたりしながら育《そだ》ちました。武田家《たけだけ》の成《な》り立《た》ちや、信虎《のぶとら》の人《ひと》となりについて、この伝記《でんき》で最初《さいしょ》にふれたのは、それをぬきにしては信玄《しんげん》の人間像《にんげんぞう》を語《かた》れないからです。とりわけ父《ちち》の気性《きしょう》のはげしさと、天才的《てんさいてき》な戦略《せんりゃく》からは多大《ただい》な影響《えいきょう》を受《う》けました。

大切《たいせつ》にした民衆《みんしゅう》のくらし

信玄《しんげん》は21歳《さい》のとき、甲斐《かい》の最高権力者《さいこうけんりょくしゃ》であった父《ちち》を追放《ついほう》することに成功《せいこう》して、自分《じぶん》が父《ちち》にとってかわりました。これも、戦国時代《せんごくじだい》ならではの非常手段《ひじょうしゅだん》です。平和《へいわ》な世《よ》の中《なか》ではありえないことが、めずらしくもなく行《おこな》われていたのです。信玄《しんげん》とその家臣《かしん》が信虎《のぶとら》を追放《ついほう》したのは、甲斐《かい》の将来《しょうらい》のためでした。甲斐《かい》は山《やま》に囲《かこ》まれた小国《しょうこく》です。しかも北《きた》には上杉《うえすぎ》、東《ひがし》には北条《ほうじょう》、南《みなみ》には今川《いまがわ》、西《にし》には織田《おだ》の勢力《せいりょく》が、たがいにせめぎあっていました。

甲斐《かい》が国境《こっきょう》を接《せっ》している大国《たいこく》と対抗《たいこう》していくには、領土《りょうど》を広《ひろ》げるだけでなく、国内《こくない》の産業《さんぎょう》をさかんにして、経済力《けいざいりょく》をつけなくてはなりません。これをおこたると、合戦《かっせん》には勝《か》っても、民衆《みんしゅう》の心《こころ》がはなれてしまい、ほんとうの安定《あんてい》はのぞめません。ところが、信虎《のぶとら》は産業政策《さんぎょうせいさく》をおろそかにして、軍事《ぐんじ》を優先《ゆうせん》させていました。

「これでは甲斐《かい》のためにならない。」

信玄《しんげん》や心《こころ》ある家臣《かしん》たちは、やむにやまれない気持《きも》ちから、信虎《のぶとら》を追放《ついほう》したのです。

信玄《しんげん》はすぐれた戦略家《せんりゃくか》でしたが、この時代《じだい》にしてはとびぬけた民政家《みんせいか》として、民衆《みんしゅう》のくらしを大切《たいせつ》にしました。武田家《たけだけ》の家法《かほう》にも見《み》られるように、

「自分《じぶん》（信玄《しんげん》のこと）がまちがった行《おこな》いをしたときには、批判《ひはん》をしてかまわない。」

という、開《ひら》けた思想《しそう》の持《も》ち主《ぬし》でした。そして信玄堤《しんげんづつみ》をきずいたり、鉱山《こうざん》を開発《かいはつ》したり、甲斐絹《かいき》（絹織物《きぬおりもの》）とよばれる生糸《きいと》づくりや農業《のうぎょう》の生産力《せいさんりょく》をあげることにつとめ、漆器《しっき》の生産《せいさん》をすすめるなど、山国《やまぐに》の自然《しぜん》をいかした産業《さんぎょう》に力《ちから》を入《い》れたのです。また、税《ぜい》のしくみや、穀物《こくもつ》を量《はか》る升《ます》をあらためて、民衆《みんしゅう》からよろこばれました。商業《しょうぎょう》もさか

んになるようにしています。

「甲州《こうしゅう》（現在《げんざい》の山梨県《やまなしけん》）へ行《い》って信玄《しんげん》とよびすてにしたら、土地《とち》の人《ひと》にしかられるから、信玄公《しんげんこう》と言《い》いなさい。」

そう言《い》われたことがありますが、信玄《しんげん》がいまも土地《とち》の人《ひと》びとにうやまわれているのは、民衆《みんしゅう》のくらしを大切《たいせつ》にしたからにほかなりません。信玄《しんげん》の命日《めいにち》（4月《がつ》12日《にち》）のまえの週末《しゅうまつ》には毎年《まいとし》、甲府市内《こうふしない》を武田二十四将《たけだにじゅうししょう》にふんした騎馬武者《きばむしゃ》たちがパレードをして、武田軍団《たけだぐんだん》のありし日《ひ》をしのばせる「信玄公祭《しんげんこうまつ》り」が、盛大《せいだい》に行《おこな》われています。

人《ひと》の集団《しゅうだん》という城《しろ》をきずいて

わたしは信玄《しんげん》を中心《ちゅうしん》に、信虎《のぶとら》、信玄《しんげん》、勝頼《かつより》の武田《たけだ》3代《だい》の歴史《れきし》をたどってきました。武田家《たけだけ》は悲運《ひうん》の一族《いちぞく》です。骨肉《こつにく》の争《あらそ》いもありました。父《ちち》を追放《ついほう》した信玄《しんげん》は、わが子義信《こよしのぶ》を切腹《せっぷく》させてまで、勝頼《かつより》に期待《きたい》をかけました。

いよいよ打倒信長《だとうのぶなが》のチャンスをつかんで京《きょう》を目指《めざ》したのに、信玄《しんげん》の大《おお》きな望《のぞ》みは病気《びょうき》によってたたれ、ぎゃくに信長《のぶなが》と家康《いえやす》は息《いき》をふきかえしたのです。歴史《れきし》にもしもはありませんが、もしかりに信玄《しんげん》があのまま京《きょう》にのぼっていたなら、日本《にっぽん》の歴史《れきし》はべつの歩《あゆ》みをしていたでしょう。信玄《しんげん》が武田家《たけだけ》をまかせた勝頼《かつより》は、天目山《てんもくざん》のつゆと消《き》えて、ここに武田家《たけだけ》の500年《ねん》あまりにおよぶ歴史《れきし》にもピリオドが打《う》たれました。

信玄《しんげん》がなしとげたことは、なにもかもなくなってしまったのでしょうか。いいえ、徳川家康《とくがわいえやす》によって、信玄《しんげん》の政治《せいじ》のしくみや考《かんが》え方《かた》が受《う》けつがれました。

家康《いえやす》は信玄《しんげん》の武田家家法《たけだけかほう》（甲州法度《こうしゅうはっと》）を手本《てほん》にして、徳川幕府《とくがわばくふ》の政治《せいじ》の決《き》まりをつくっています。徳川幕府《とくがわばくふ》が260余年《よねん》もつづいた安定《あんてい》の秘密《ひみつ》は、家康《いえやす》が信玄《しんげん》のすぐれた政治《せいじ》の方法《ほうほう》をとりいれているところにあるのです。また、信玄《しんげん》や勝頼《かつより》が行《おこな》ったことをまとめた『甲陽軍鑑《こうようぐんかん》』という書物《しょもつ》は、甲州流軍学《こうしゅうりゅうぐんがく》のテキストとして、徳川家《とくがわけ》の人《ひと》びとはもとより、各地《かくち》の大名《だいみょう》たちに愛読《あいどく》されました。

この書物《しょもつ》は、現代《げんだい》でもビジネスの社会《しゃかい》に生《い》きる人《ひと》たちを中心《ちゅうしん》に、広《ひろ》く読《よ》まれています。なぜなら信玄《しんげん》は、行動力《こうどうりょく》や決断力《けつだんりょく》にすぐれていたほか、人材《じんざい》を生《い》かす名人《めいじん》でした。たくさんの部下《ぶか》にそれぞれの能力《のうりょく》や適性《てきせい》に合《あ》った仕事《しごと》をあたえて、部下《ぶか》がその力《ちから》を100パーセント出《だ》せるように心《こころ》がけました。

こうした「人《ひと》の使《つか》い方《かた》、生《い》かし方《かた》」は、いつの時代《じだい》にも、どんな社会《しゃかい》にもかかわることなく、もとめられています。信玄《しんげん》は一国《いっこく》の経営者《けいえいしゃ》であり、指導者《しどうしゃ》でした。いくらしくみだけがととのっていても、信頼《しんらい》できる部下《ぶか》が手足《てあし》となって動《うご》いてくれないことには、どうにもなりません。

信玄《しんげん》が「人《ひと》の使《つか》い方《かた》、生《い》かし方《かた》」にすぐれていたのは、部下《ぶか》の気持《きも》ちをじゅうぶんくみとることのできる人情家《にんじょうか》でもあったからでしょう。信玄《しんげん》は人間《にんげん》のスケールが大《おお》きいだけでなく、部下《ぶか》の声《こえ》に耳《みみ》をかたむけたり、こまやかな心配《こころくば》りのできる指導者《しどうしゃ》でした。よい部下《ぶか》にめぐまれた信玄《しんげん》は、人《ひと》の集団《しゅうだん》というかけがえのない城《しろ》をきずいたのです。『甲陽軍鑑《こうようぐんかん》』は軍学《ぐんがく》の本《ほん》であると同時《どうじ》に、人《ひと》として生《い》きるうえになにが大切《たいせつ》なのかを教《おし》えてくれています。いつか読《よ》んでみてください。

本書《ほんしょ》は講談社《こうだんしゃ》火《ひ》の鳥伝記文庫《とりでんきぶんこ》『武田信玄《たけだしんげん》』（1986年《ねん》6月《がつ》15日初版《にちしょはん》）を底本《ていほん》に、近年《きんねん》の研究《けんきゅう》に基《もと》づいて内容《ないよう》の改定《かいてい》を行《おこな》い、一部《いちぶ》の文字《もじ》づかい、表現《ひょうげん》などを読《よ》みやすくあらためたものです。また、今日《こんにち》では適切《てきせつ》でないことばも見《み》うけられますが、作品《さくひん》の発表《はっぴょう》された当時《とうじ》の時《じ》代背景《だいはいけい》を考慮《こうりょ》し、そのままとしました。本書《ほんしょ》には『甲陽軍鑑《こうようぐんかん》』を参考《さんこう》にしたエピソードがふくまれています。「解説《かいせつ》」は旧版《きゅうはん》のものを再録《さいろく》しました。

武田信玄《たけだしんげん》をめぐる歴史人物伝《れきしじんぶつでん》

信玄《しんげん》の最高《さいこう》のアドバイザー

山本勘助《やまもとかんすけ》

不明《ふめい》－1561?年《ねん》

三河《みかわ》の国《くに》（愛知県東部《あいちけんとうぶ》）の生《う》まれといわれる。武田信玄《たけだしんげん》のもとで、天才軍師《てんさいぐんし》として活躍《かつやく》した。なぞの多《おお》い人物《じんぶつ》で、実在《じつざい》したことをしめす記録《きろく》が見《み》つかったのは、1960年代《ねんだい》のことである。

片《かた》ほうの目《め》が見《み》えず、片足《かたあし》が不自由《ふじゆう》であった。子《こ》どものころ、ほうそう（天然痘《てんねんとう》）という病気《びょうき》にかかったためといわれるが、イノシシ狩《が》りのときに、けがをしたのが原因《げんいん》だったという説《せつ》もある。

わかいころから各地《かくち》を旅《たび》して、武術《ぶじゅつ》の腕《うで》をみがき、兵法《ひょうほう》を学《まな》んだ。50歳近《さいちか》くになって、今川義元《いまがわよしもと》の家来《けらい》になろうとしてことわられたが、その才能《さいのう》を見《み》こんだのが、武田《たけだ》家《け》の重臣《じゅうしん》、板垣信方《いたがきのぶかた》だった。必《かなら》ず役《やく》に立《た》つ男《おとこ》だからと、家来《けらい》にすることを信玄《しんげん》にすすめた。信玄《しんげん》の使者《ししゃ》として他国《たこく》におもむくこともあるほど、信玄《しんげん》にひじょうに信頼《しんらい》されていた。1561（永禄《えいろく》4）年《ねん》の川中島《かわなかじま》の戦《たたか》いで戦死《せんし》したとつたえられる。

信玄《しんげん》の最大《さいだい》のライバル

上杉謙信《うえすぎけんしん》

1530-1578年《ねん》

越後《えちご》の国《くに》（佐渡《さど》をのぞく新潟県《にいがたけん》）の長尾為景《ながおためかげ》の四男《よんなん》として生《う》まれた。長尾《ながお》氏《し》は、越後《えちご》守護《しゅご》の上杉《うえすぎ》氏《し》を助《たす》ける役目《やくめ》だったが、為景《ためかげ》は上杉《うえすぎ》氏《し》をたおしてトップの座《ざ》につく。しかし、周囲《しゅうい》の反発《はんぱつ》が強《つよ》く、越後《えちご》をひとつにまとめることができないまま隠居《いんきょ》し、やがて病死《びょうし》した。

息子《むすこ》の長尾景虎《ながおかげとら》（のちの上杉謙信《うえすぎけんしん》）は、15歳《さい》のときの初陣《ういじん》を手《て》はじめに、つぎつぎと戦《たたか》いに勝利《しょうり》する。父《ちち》のあとをついだ兄《あに》は力《ちから》不足《ぶそく》で、まわりから景虎《かげとら》をおす声《こえ》が強《つよ》くなり、兄《あに》の養子《ようし》となってあとをついだ。

32歳《さい》のとき、関東《かんとう》の武将《ぶしょう》たちにたのまれ、関東《かんとう》で最強《さいきょう》をほこった小田原《おだわら》の北条氏《ほうじょうし》にいどむ。しかし、城《しろ》の守《まも》りはかたく、落《お》とせなかった。このとき、名門《めいもん》の上杉家《うえすぎけ》をつぐことになり、名《な》を上杉政虎《うえすぎまさとら》とあらためた。

以後《いご》、関東《かんとう》ぜめを14回《かい》、川中島《かわなかじま》での武田《たけだ》信玄《しんげん》との戦《たたか》いが5度《ど》と、いくさに明《あ》けくれる。信玄《しんげん》とは、おたがいに相手《あいて》を「凶徒《きょうと》」とののしり、神仏《しんぶつ》に征伐《せいばつ》を祈願《きがん》していた。

35年間《ねんかん》に70回《かい》もたたかい、負《ま》けたのは一《いち》度《ど》か二度《にど》しかないほど、戦国時代《せんごくじだい》でも指折《ゆびお》りの強《つよ》い武将《ぶしょう》だった。49歳《さい》で病死《びょうし》した。

東海道一《とうかいどういち》の
戦国大名《せんごくだいみょう》

今川義元《いまがわよしもと》

1519-1560年《ねん》

駿河《するが》の国《くに》と遠江《とおとうみ》の国《くに》（伊豆《いず》をのぞく静岡《しずおか》県《けん》）、三河《みかわ》の国《くに》（愛知県東部《あいちけんとうぶ》）を支配《しはい》した武将《ぶしょう》。1554（天文《てんもん》23）年《ねん》、義元《よしもと》は、武田《たけだ》信玄《しんげん》、北条氏康《ほうじょううじやす》と手《て》をむすんだ。この三国《さんごく》同盟《どうめい》によって、義元《よしもと》は、背後《はいご》を心配《しんぱい》することなく、尾張《おわり》の織田信長《おだのぶなが》とたたかうために、兵《へい》を進《すす》めることができた。

ところが、油断《ゆだん》したすきをつかれ、桶狭間《おけはざま》で信長《のぶなが》の急襲《きゅうしゅう》にあい、討《う》ち死《じ》にした。

戦国時代《せんごくじだい》の北条氏《ほうじょうし》の
最盛期《さいせいき》をきずく

北条氏康《ほうじょううじやす》

1515-1571年《ねん》

相模《さがみ》の国《くに》（神奈川県《かながわけん》）小田原城主《おだわらじょうしゅ》、北条《ほうじょう》家《け》の3代目《だいめ》。家訓《かくん》（一家《いっか》の教《おし》え）を守《まも》り、家臣《かしん》や領民《りょうみん》を大事《だいじ》にした。そのため、家臣《かしん》の裏切《うらぎ》りや領民《りょうみん》の反乱《はんらん》は一度《いちど》もなかった。

今川義元《いまがわよしもと》が織田信長《おだのぶなが》にやぶれると、武田《たけだ》信玄《しんげん》は駿河《するが》の国《くに》（静岡県中部《しずおかけんちゅうぶ》）にせめいり、三国同盟《さんごくどうめい》は消滅《しょうめつ》した。その後《ご》、1569（永禄《えいろく》12）年《ねん》に、氏康《うじやす》は、上杉謙信《うえすぎけんしん》と「越相《えっそう》同盟《どうめい》」をむすび、信玄《しんげん》をおびやかした。

武田軍一《たけだぐんいち》の出世頭《しゅっせがしら》

春日源五郎《かすがげんごろう》

1527-1578年《ねん》

甲斐《かい》の国《くに》（山梨県《やまなしけん》）石和《いさわ》の農家《のうか》に生《う》まれ、16歳《さい》のときに信玄《しんげん》の家来《けらい》になり、信玄《しんげん》、勝頼《かつより》の2代《だい》に仕《つか》えた。

25歳《さい》で家来《けらい》100人《にん》をひきいる足軽大将《あしがるだいしょう》に出世《しゅっせ》。信玄《しんげん》にあつく信頼《しんらい》され、上杉氏《うえすぎし》とたたかうための基地《きち》、信濃《しなの》の国《くに》（長野県《ながのけん》）の海津城《かいづじょう》をあずかる。

のちに名《な》を高坂昌信《こうさかまさのぶ》、または高坂弾正《こうさかだんじょう》とあらためた。武田四天王《たけだしてんのう》のひとり。

信玄《しんげん》を養育《よういく》し最後《さいご》までつくした

板垣信方《いたがきのぶかた》

1489-1548年《ねん》

武田信虎《たけだのぶとら》、信玄《しんげん》の2代《だい》に仕《つか》えた。信玄《しんげん》が子《こ》どものときは養育係《よういくがかり》をつとめる。

信玄《しんげん》が父《ちち》を追放《ついほう》してあとをつぐと、家来《けらい》の中《なか》でトップの位置《いち》につく。信玄《しんげん》が諏訪地方《すわちほう》を手《て》に入《い》れると、地元《じもと》のさむらいをひきいて、信濃《しなの》の国《くに》の支配《しはい》に力《ちから》をつくした。信《しん》玄《げん》がもっとも手《て》こずった、信濃《しなの》の国《くに》の村上義清《むらかみよしきよ》との戦《たたか》いで、最初《さいしょ》は勝《か》ったが、逆襲《ぎゃくしゅう》されて討《う》ち死《じ》にした。武田四天王《たけだしてんのう》のひとり。

尾張《おわり》の国《くに》の破天荒《はてんこう》な武将《ぶしょう》

織田信長《おだのぶなが》

1534-1582年《ねん》

子《こ》どものころは「大《おお》うつけ」（おろか者《もの》）とよばれたが、しだいに頭角《とうかく》をあらわして強力《きょうりょく》な武将《ぶしょう》になっていった。信長《のぶなが》と信玄《しんげん》は、強《つよ》い者同士《ものどうし》、あまり刺激《しげき》しあわないほうが得策《とくさく》だと考《かんが》え、友好《ゆうこう》な関係《かんけい》をむすんでいたが、信玄《しんげん》が徳川家康《とくがわいえやす》をせめたことで、一気《いっき》に緊張《きんちょう》が高《たか》まる。しかし、信玄《しんげん》が病死《びょうし》し、武田軍《たけだぐん》は引《ひ》きあげた。信長《のぶなが》はその後《ご》、上洛《じょうらく》したが、本能寺《ほんのうじ》の変《へん》で自害《じがい》した。

信長《のぶなが》と組《く》んで信玄《しんげん》に対抗《たいこう》

徳川家康《とくがわいえやす》

1542-1616年《ねん》

三河《みかわ》の国《くに》（愛知県東部《あいちけんとうぶ》）をおさめる。のちに江戸幕府《えどばくふ》を開《ひら》き、太平《たいへい》の世《よ》をきずいた。信玄《しんげん》は海《うみ》に面《めん》した土地《とち》がほしかったので、遠江《とおとうみ》の国《くに》（静岡県西部《しずおかけんせいぶ》）と家康《いえやす》の三河《みかわ》の国《くに》をうばう作戦《さくせん》を立《た》てた。それを知《し》った家康《いえやす》は、織田信長《おだのぶなが》に助《たす》けを求《もと》めて武田軍《たけだぐん》をむかえうったが、敗戦《はいせん》がつづいた。しかし、信玄《しんげん》の急《きゅう》な病死《びょうし》によって、武田軍《たけだぐん》は引《ひ》きあげ、家康《いえやす》は命拾《いのちびろ》いをした。

武田《たけだ》家《け》
最後《さいご》の統領《とうりょう》

武田勝頼《たけだかつより》

1546－1582年《ねん》

信濃《しなの》の国《くに》（長野県《ながのけん》）の名門諏訪氏《めいもんすわし》の姫《ひめ》と、信玄《しんげん》の間《あいだ》に生《う》まれた。信玄《しんげん》の死後《しご》あとをつぐ。一族《いちぞく》の中《なか》には反対者《はんたいしゃ》もいて、それが武《たけ》田《だ》家《け》の力《ちから》が弱《よわ》まった原因《げんいん》ともいわれる。逆《ぎゃく》に、信長《のぶなが》と家康《いえやす》の力《ちから》は急《きゅう》に強《つよ》くなり、1575（天正《てんしょう》3）年《ねん》、長篠《ながしの》の戦《たたか》いで、再《ふたた》び武田《たけだ》とぶつかりあう。鉄砲《てっぽう》を使《つか》った織《お》田《だ》・徳川連合軍《とくがわれんごうぐん》の前《まえ》に、武田軍《たけだぐん》は大敗《たいはい》。その7年後《ねんご》、ついに武田家《たけだけ》は滅亡《めつぼう》した。

木曾義昌《きそよしまさ》

1540－1595年《ねん》

かつて信玄《しんげん》に降伏《こうふく》した、信濃《しなの》の木曾谷《きそだに》の領主《りょうしゅ》。武田勝頼《たけだかつより》の義理《ぎり》の弟《おとうと》（妹《いもうと》の夫《おっと》）にあたる。勝頼《かつより》が、新《あたら》しく新府城《しんぷじょう》をきずいたことにはらを立《た》て、信長《のぶなが》と手《て》を組《く》んだ。これが武田家滅亡《たけだけめつぼう》のひとつのきっかけとなる。

足利義昭《あしかがよしあき》

1537－1597年《ねん》

室町幕府最後《むろまちばくふさいご》の将軍《しょうぐん》。僧《そう》だったが、兄《あに》の義輝《よしてる》が殺《ころ》されたので、信長《のぶなが》を味方《みかた》につけて将軍《しょうぐん》となる。その後《ご》、信長《のぶなが》と対立《たいりつ》して、信《しん》玄《げん》や朝倉氏《あさくらし》と信長《のぶなが》を討《う》とうとするが失敗《しっぱい》。京都《きょうと》を追《お》われ、室町幕府《むろまちばくふ》はほろんだ。

著者紹介

木暮正夫　こぐれ まさお

児童文学作家。1939年群馬県生まれ。1959年に毎日児童小説賞で『光をよぶ歌』が入選し、児童文学の世界に入る。創作童話からノンフィクションの分野まで、幅広く活動。主な著書に『ドブネズミ色の街』『また七ぎつね自転車にのる』『街かどの夏休み』『河童のクゥと夏休み』「日本のおばけ話・わらい話」シリーズなど多数。赤い鳥文学賞、日本児童文学者協会賞受賞。2007年死去。

画家紹介（カバー絵）

寺田克也　てらだ かつや

イラストレーター、漫画家。1963年岡山県生まれ。ゲーム、アニメ、実写映画のキャラクターデザイン、小説のカバー、挿絵、漫画など、幅広い分野で活躍中。海外での仕事も多い。おもな著書に「西遊奇伝・大猿王」シリーズ、『寺田克也式ガソリン生活』『絵を描いて生きていく方法？』、画集『DRAGON GIRL & MONKEY KING』などがある。

画家紹介（本文さし絵）

八多友哉　やた ともや

イラストレーター。大阪府生まれ。ゲームや児童書で活躍中。おもな作品に、『まぼろしの秘密帝国MU』（楠木誠一郎、上・中・下）などがある。

監修――――――山田邦和《やまだくにかず》（同志社女子大学教授）
人物伝執筆――――八重野充弘《やえのみつひろ》
人物伝イラスト―――黒須高嶺《くろすたかね》
口絵写真――――山梨県立博物館
編集――――――オフィス303

講談社 火の鳥伝記文庫　3

武《たけ》田《だ》信《しん》玄《げん》（新装版《しんそうばん》）

木暮正夫《こぐれまさお》 文

1986年6月15日　第1刷発行
2016年7月6日　第49刷発行
2017年10月18日　新装版第1刷発行

発行者——————鈴木　哲
発行所——————株式会社 講談社
東京都文京区音羽2-12-21　郵便番号112-8001
電話　編集（03）5395-3536
販売（03）5395-3625
業務（03）5395-3615

ブックデザイン————祖父江 慎＋福島よし恵（コズフィッシュ）
印刷・製本—————図書印刷株式会社
本文データ制作———講談社デジタル製作

N.D.C. 289　180p　18cm
Printed in Japan
ISBN978-4-06-149916-4

講談社《こうだんしゃ》 火《ひ》の鳥《とり》伝記《でんき》文庫《ぶんこ》 新装版《しんそうばん》によせて

火《ひ》の鳥《とり》は、世界中《せかいじゅう》の神話《しんわ》や伝説《でんせつ》に登場《とうじょう》する光《ひかり》の鳥《とり》です。灰《はい》のなかから何度《なんど》でもよみがえり、永遠《えいえん》の命《いのち》をもつといわれています。

伝記《でんき》に描《えが》かれている人々《ひとびと》は、人類《じんるい》や社会《しゃかい》の発展《はってん》に役立《やくだ》つすばらしい成果《せいか》を後世《こうせい》に残《のこ》した人々《ひとびと》です。みなさんにとっては、遠《とお》くまぶしい存在《そんざい》かもしれません。

しかし、かれらがかんたんに成功《せいこう》したのではないことは、この本《ほん》を読《よ》むとよくわかります。

一生懸命《いっしょうけんめい》取《と》り組《く》んでもうまくいかないとき、自分《じぶん》のしたいことがわからないとき、そして将来《しょうらい》のことを考《かんが》えるとき、みなさんを励《はげ》ましてくれるのは、先《さき》を歩《ある》いていった先輩《せんぱい》たちの努力《どりょく》するすがたや、失敗《しっぱい》の数々《かずかず》です。火《ひ》の鳥《とり》はかれらのなかにいて、くじけずチャレンジする力《ちから》となったのです。

伝記《でんき》のなかに生《い》きる人々《ひとびと》を親《した》しく感《かん》じるとき、みなさんの心《こころ》のなかに火《ひ》の鳥《とり》が羽《は》ばたいて将来《しょうらい》への希望《きぼう》を感《かん》じられることを願《ねが》い、この本《ほん》を贈《おく》ります。

2017年《ねん》10月《がつ》

講談社《こうだんしゃ》

武田信玄